場所から問う若者文化

ポストアーバン化時代の若者論

編著者
木村絵里子
轡田竜蔵
牧野智和

大倉韻
荒井悠介
小川豊武
知念渉
寺地幹人
井戸聡
妹尾麻美
永田夏来
福重清
阪口祐介

晃洋書房

はしがき

　かつて，若者文化は都市の文化だった。

　高度経済成長期以降，多くの若者が大都市に移り住むと，盛り場や，ストリートなどの場所を舞台として，さまざまな文化現象が生み出されてきた。

　たとえば，新宿駅東口に集まるフーテン族，原宿・渋谷・青山などのファッショナブルな街を彩った新人類，渋谷センター街を居場所としたギャル・ギャル男，秋葉原で消費するオタクたち……のように。こうした姿はテレビや雑誌などのマスメディアに取り上げられることで，その時代を象徴する「若者像」とみなされてきた。

　しかし，近年では，都市のなかの特定の街や場所と結びついた若者の文化を見出すのは容易ではない。かつて見られた若者文化と都市空間の相性の良さは，都市空間が人とモノと情報を集約させるメディアとしての機能を備えているからだと考えられるが，現在，こうしたもののかなりの部分が SNS などのウェブ空間のなかに存在している。また，多くの都市論が指摘するように，それぞれの街の固有性や独自性が失われつつある。都市の変容，あるいはインターネットや SNS の広まりというウェブ社会の発展とともに，かつて特定の場所と密接に結びついていた若者文化もまた，変化しているのである。さらに新型コロナウイルス感染症の流行は，街から人影を消し，こうした変化を加速させた。

　とはいえ，現代の若者文化の営みのすべてが SNS などのウェブ空間に終始しており，「リアルな場所」と切り離されたものになっているとはけっして言えない。急速にデジタル化・オンライン化が進むなかで，若者は，「リアルな場所」に何を求めているのか。これが，本書を貫くひとつの問いである。

　そして，本書のもうひとつの狙いは，大都市偏重の若者論を相対化することである。社会学における多くの若者論では，これまで大都市に住む若者を時代の色を反映する「リトマス試験紙」として位置づけ，その意識や行動に注目してきた。たとえば，本書の執筆者の多くが参加している「青少年研究会」でも[1]同様であり，同研究会では，東京都杉並区と神戸市灘区・東灘区という大都市

の若者を対象にして質問紙調査を実施してきた（1992 年，2002 年，2012 年）。そ
れは，世代文化に着目する場合，行為の自由度・可処分所得・学歴の高い都市
の中産階級の若者が「新しさ」を具現することが多く，対象として適している
と考えたためである（青少年研究会，1995,『都市と世代文化に関する実証研究』科学研
究費補助金研究成果報告書）。

　しかし，若者文化を取り巻く消費や労働，そしてメディア環境が大きく変わ
った現在でもなお，大都市の限定された地域の若者の調査データをもって，日
本の若者文化を代表させてよいのだろうか。こうした問題意識が年々強まって
きたことから，青少年研究会では，調査対象を大都市の若者に限らず，全国に
拡大した質問紙調査を 2014 年に実施した[2]。その結果，多くの質問項目におい
て，意外なほどに大都市の若者文化の独自性は見出すことができないというこ
とがわかった。本書は，この 2014 年の全国調査のあとに，メンバーの間で交
わされた議論のなかで企画されたものである[3]。

　若者が集う大都市こそが若者文化の創造の場である，という前提は，現在で
も成り立つのだろうか。成り立つとすればどのようなことがらに関して，どの
ような場所が効力を発揮できているのか。あるいは，成り立たないとすれば，
一体それはどのような場所によって代替されているのか。またいずれにせよ，
こうした現状をどう捉えることができるのだろうか。この問いを解くにあたっ
て，本書では「ポストアーバン化」という新しい旗を立ててみた。都市である
か非都市であるかを問わず，さまざまな「場所」でおこなわれた社会学的フィ
ールドワークから得られた最新の論考も合わせ，読者とともに若者文化の現在
を見つめ直してみたい。

　最後に，本書の出版が大幅に遅れてしまったことを関係者にお詫び申し上げ
たい。晃洋書房の阪口幸祐さんには辛抱強くお付き合いいただいた。また，こ
の出版にかかわる調査研究にご協力いただいたすべての方に感謝申し上げたい。

編者一同

1）青少年研究会とは，現代青少年の意識や行動を理論的・実証的に研究することを目的に，全国
　の大学から社会学や教育学の研究分野を中心に集まった研究者のグループである。下記の注記
　2 の青少年研究会のホームページも参照のこと。
2）この調査の概要は以下のとおりである。

> 調査名：「若者の生活と意識に関する全国調査」（2014 年全国調査）
> 調査主体：青少年研究会（代表：東京学芸大学教授 浅野智彦）
> 調査対象：全国在住の 16〜29 歳
> 標本数：1400
> 抽出方法：トラストパネル（日本リサーチセンターが無作為抽出・訪問留置でおこな
> 　　　　っている「NOS 調査」の回答者から，継続的な調査協力を可能とした人をデータ
> 　　　　ベース化したもの）を利用
> 調査方法：郵送調査
> 実施期間：2014 年 10 月〜11 月
> 有効回収数：556（回収率 39.7％）

　この調査では，これまでの青少年研究会の諸調査の質問項目（音楽生活，友人関係，自己意
識，規範意識，恋愛関係，家族関係，メディア・コミュニケーション）を基本的には踏襲しつ
つも，「地域」「地元」についての意識・考えおよび行動に関する質問項目や，今日の若者のア
イデンティティに強く関わっていると考えられる「ファッション」や「マンガ」などの趣味・
サブカルチャーに関する質問項目を新たに設けた。本調査の単純集計などを掲載した報告書
（『「若者の生活と意識に関する全国調査 2014」報告書』青少年研究会）については，以下のウ
ェブサイトを参照していただきたい。青少年研究会ホームページ http://jysg.jp
3）本書の第 1 章，第 6 章，コラム 2，コラム 6 では，本調査のデータに基づき分析・考察がおこ
　なわれている。
　　なお，第 1 章，第 6 章，コラム 6 では，都市度をみるために，DID 人口比率，すなわち，
　各自治体の全人口に対する人口集中地区（Densely Inhabited District: DID）の人口の割合を
　用いている。詳細は注釈 2 の報告書を参照のこと。
　　DID 人口比率をカテゴリカル変数として使用した場合には，全有効ケース（n＝554）に対
　して現住自治体の DID 人口比率で四分位数を算出し 4 つのカテゴリーを設定した。それぞれ
　に該当する自治体例は，以下の通りである。

　　　　0〜第 1 四分位（64.65）：青森県つがる市（0），栃木県栃木市（41.17），岡山県倉敷市
　　　　　　　　　　　　　　　　（60.18）
　　　　64.66〜第 2 四分位（88.38）：栃木県宇都宮市（75.15），愛媛県松山市（82.79）
　　　　88.39〜第 3 四分位（98.52）：千葉県市川市（97.71），大阪府寝屋川市（97.76），神奈川県
　　　　　　　　　　　　　　　　　　横須賀市（95.23）
　　　　98.53〜100：杉並区（100.0），神戸市灘区（99.2），神戸市東灘区（99.8）

序

「若者論」の系譜
——対象地域に着目して

木村絵里子

1 本章の目的

「はしがき」で説明した通り，本書全体は，現代の若者文化をリアルな場所とのつながりから考察する試みとなっている。しかし，こうした試みは，実はそれほど一般的なものではない。これまでの若者論は，長いあいだ，「都市／地方」という観点から若者をまなざしてきたからだ。

とりわけ2000年代以降の若者論では，「地方の若者」に対する関心が高まってきた。このような地方の若者研究の興隆には，複数の要因があると考えられるが，そのひとつには従来の若者論の多くが「都市の若者」を中心に議論を展開してきたことが挙げられる。じっさい，1990年代の時点で，1980年代の若者論が都市部のきわめて限られた層のみを対象にしていることに対する批判がなされている（小谷編 1993）。

では，若者論における「都市／地方」という視点は，どのように形成され，いかに変動してきたのだろうか。そして，「都市／地方」という枠組みにおける限界があるとすれば，それはどのようなところだろうか。本章では，戦後における若者（あるいは青年）を対象にした社会学の研究を概観しながら，これらの問いについて考察したい。

若者論の研究史としては，小谷編（1993, 2017），難波（2004），古市（2011），北田（2012），片瀬（2015）などがある。しかし，これらの研究においては，若者論がどのような地域の若者を対象にしてきたのかという点についてはほとんど論じられてきていない。例外としては片山・牧野（2018）があり，近年の地方

の若者論の活発化を受けて，主に『教育社会学研究』（日本教育社会学会）における地方の若者研究の動向が丹念に調査されている。片山・牧野 (2018) によると，教育社会学の領域では，1950〜60年代の都市化とともに地方（農山漁村）から都市の青年（若者）へと争点が移り，さらに高校教育の拡大と青年期の「学校化」の進行とともに都市／地方という視点が縮小した。そして，2000年代以降は再び，不安定就労が広がる地方の若者へと関心が移行しているという。ただし，教育社会学では主に青年期の教育や職業移行を考察の対象に据えているため，後述するように社会学の議論は，一部重なりつつも徐々にずれていく。つまり社会学における若者（青年）論の動向については，対象地域に注目しつつ，別途，確認する必要があるだろう。

2 社会学の対象としての「青年」

それでは，まず「青年」を対象にした戦後の社会学の議論に着目することから始めたい。

2-1 青年心理学から青年社会学へ

1953年に出版された『青年社會學』（豊澤登・平澤薫編，朝倉書店）では，青年の諸問題を社会学の俎上に載せることを宣言している。青年に関しては，それまで主に青年心理学の領域で扱われてきたが，戦後の急速な社会変化のなかを生きる青年のすがたや問題を正しく理解していくためには社会学的な視点が欠かせないと主張する（豊澤・平澤 1953: 1-3）。

本書の最初には「青年期の意味」という章が据えられている。「青年期」とは，生理的・心理的発達段階において少年や成人とは区別される一時期を示す心理学用語である。だが，やはり青年期の問題も，社会の特殊的条件に大きく依存するものとして捉え，社会学的に把握する必要性が説かれるのである。本書で扱われる諸問題は多岐にわたるが，とくに「都市‐産業的社会化」に伴う「都市」や「農村」の急激な社会環境の変化を青年期に問題を生じさせる条件のひとつとして位置づけている。それぞれ「農村青年の社会学」，「都市青年の社会学」という章が設けられ，都市の商工業の発展による人口・人口密度の増

大，都市による農村支配の強化などの問題とともに，統計データに基づく農村及び都市青年層の意識や生活・職業に関する分析がなされている。

　一方，1950 年代の『教育社会学研究』では，前述の片山・牧野（2018）によると農山漁村や僻地における青年集団の社会化機能に関する研究が多くみられたという。各種の社会集団における教育的機能が問題化されるなか，青（少）年のパーソナリティ形成に影響を与えるとされた地方における若者組・青（少）年団の分析や社会化のプロセスに対して強い関心が寄せられたのである。むろん同時期においても，「都市の青年」を対象にした研究が全くなかったというわけではない（大浦 1951; 赤堀 1951; 安井 1954 など）。しかし，都市の青年集団の研究が農村よりも立ち遅れていたことは確かであり，その理由としては，都市そのものに対する社会学的研究が十分に進められていないこと[1)]，都市では義務教育以上の進学率が一般に高いため，学校と職域以外の集団が重視されていないことなどが指摘されている（安井 1954: 123）。

　冒頭で，従来の若者論が「都市の若者」を中心に議論を展開してきたと述べたが，以上のように 1950 年代では，むしろ農山漁村の青年を対象にした議論が多く見受けられた。ただそれは，当時の人口分布的にいえば青年世代の多くが農村に暮らしていたのであり，そういう意味では，当然の結果ではある。

2–2　高度経済成長期の「流入青年」

　ところが，1960 年代になり，都市部への進学者や出稼ぎ者，離農者などの増加し農村の青年集団の流動性が高まると，議論は一変する。教育社会学における青年論は他府県から大都市地域に若年労働力として移動する，いわゆる「流入青年」が焦点になっていく（片山・牧野 2018: 10）。ただ，流入青年に関しては，教育社会学に限らず，多様な領域と方法によって議論がなされていた。たとえば心理学者の桐原葆見ほかによる「農村青年の都市流入等生活環境の激変が青少年に与える影響について」（1963），教育学者の小川利夫ほかによる『都市青年の実態調査』（日本青年館調査研究室・日本青年団協議会編 1964），社会学者の岩井弘融による「都市化と勤労青少年集団に関する調査」（中央青少年問題協議会 1965）などでは主に質問紙によって，小川利夫らが編集した『集団就職——その追跡研究』（1967）では聞き取りによって，「集団就職」を経験した農

村出身の青年に対する調査・研究が行われた。高度経済成長期に地方から大都市圏へ大量に流入する青年たちは，存在感を次第に増していき，人口移動や生態学的構造の変化を捉える分野ではもちろんのこと，都市化，産業化という社会変動について考察する場合でも，決定的に重要な存在となった。

　見田宗介もまた，1960年代後半に流入青年や出稼ぎ労働者を対象にした研究を行っている。農村出身の流入青年や出稼ぎ者を「家郷喪失者」として位置づけ，1960年代のホームドラマのテーマソングやベストセラーのなかに，都市における新しい家郷創造の悲願を読み取っている（見田 1965, 1967）。「まなざしの地獄」では，流入青年に関する統計データと連続射殺事件の犯人N・Nの生活記録を用いて，家郷と都市の関係，そして階級の問題について論じた（見田 1973）。つまり，ここでは流入青年の「平均値」とともに，流入青年のなかでも，とくにN・Nという「極限値」に着目しながら，都市化や階級という「社会」の問題が考察されているのである。それは，初出の副題が「都市社会学への試論」となっていることからも明らかだ。

　一方，同時期に見田は，『現代の青年像』(1968) では全国4500人の青年に対する質問紙調査の結果をまとめ，青年の総合的，平均的な姿を描くことを試みている。ただし，同書のあとがきには「少数派を忘れてはならない」（傍点引用元）とあるように（見田 1968: 196），先の「まなざしの地獄」では，「極限値」という典型性に注目したということになるのだろう。青年の「極限値」か，「平均値」か。実は，この2つの視角は，次節で述べるように社会学の青年研究の争点となる。

3 　青年へのアプローチ

　1970年代は，社会学において青年研究の体系化の試みが本格的に始まった時期である。

3-1　特集「青年問題」

　まず，注目しておきたいのが，1971年の『社会学評論』22巻2号（日本社会学会）で組まれた「青年問題」という小特集である。同特集は，社会学は青年

に対してどのようにアプローチできるのかということを検討するものだが，本論では，とくに各論者の「青年層の捉え方」の相違に着目したい[2]。

　まず塩原勉の「青年問題への視角」では，労働，文化，政治などの領域における青年の問題が新たな社会現象として浮上するなかで，青年世代を，ある共通の範囲の年齢集団として捉えることが困難になってきたと指摘する（塩原1971）。かつての共同体的な社会では，青年の地位は通過儀礼によって区切られ，各世代が年齢階梯の秩序原理によって統合されていたが，このような原理が急速に解体しつつあったからだ。代わりに塩原は，青年の範囲を年長者集団に対する「対立感」を抱く年齢集団と定めている。

　だが，別の寄稿者である北川隆吉は，塩原と異なる立場である。北川は，一部の学生をもって青年の問題を代表させるというやり方を批判し，青年から日本社会の問題を考察するためには，地域（ムラ）の変化に直面している農村の青年や，都市部の労働・生産の諸活動に従事する青年労働者を対象のなかに組み込むべきだと主張している（北川 1971）。つまり青年を年齢集団として捉えた上で，そのなかに含まれる多様な属性の者に目を向けようとしたのである。そして，〈青年はその社会を映す鏡〉として捉え，青年の問題を日本社会の問題へと高めることを課題とした。

　井上俊（1971）もまた，「青年は社会のリトマス試験紙だ」というロナルド・ゴルドマンの言葉を引き，先の北川のように青年らの行動様式や生活意識から社会全体の問題にフィード・バックしていくことを目指している。ただ，青年の捉え方については，「多数のなかに漠然と潜在しているものを比較的明確な形で少数が表現する可能性」に留意する必要があるという（井上 1971: 31）。なぜなら，統計的「平均像」から現代青年の総合的な姿を描き出すというアプローチでは，現代の青年は「一部の者を除けば，全体として意外に常識的な考え方を示している」という，政府機関の調査の出すような結論に落ち着きやすいからだ。この井上の典型的な少数派に着目するという捉え方は，上記の二者とも，あるいは青年の平均的な姿を描き出すというやり方とも異なっており，流入青年の極限値に注目した見田（1973）の立場にかなり近いように思われる。そしてこの後の若者論の流れを先に示しておくと，「都市の若者」のなかにこうした典型が見出されるようになっていくのである。

3-2 社会変動のなかの青年

　他方，同時期には，2節で取り上げた『青年社會學』(豊澤・平澤編 1953) や先の北川の論考 (1971) のように，何らかの社会現象や社会変動において顕在化する青年の問題に着目するというスタンスのものが目立ってくる。松原治郎による『現代の青年——変動期における意識と行動』(1971) では，「青年期」を単に心理学的発達段階として捉えるだけではなく，青年の行動様式や価値体系を形成する社会的状況を解明することを目的とする「若者の社会学」を提唱している (松原 1971: 150-151)。先の豊澤・平澤ら (1953) の試みを引き継ぎつつも，松原は自らが関わった質問紙調査の多様なデータを用いて，「家族」「企業」「地域社会」という観点から青年をとりまく問題を考察する。とくに地域社会における大きな変化として注目されたのが，「都市化」である。大都市圏への人口集中が進行するなかで，都市部における青少年人口 (15〜24歳) の占める割合が高くなり，1970年には青少年の5割以上が都市圏に居住していると推定されている (松原 1974: 176-179)。青年層の地域移動に伴い，都市は「過密」，僻地は「過疎」という問題が急速に引き起こされたことによって，社会化と教育の過程で地域の慣習的な行動様式が継承されなくなるなど，青年と地域社会との間に断絶が生じ始めたのである (松原 1971: 125-133)。ここでは，都市であれ農村であれ，そこで生きる青年たちは都市化の波を直に受けざるを得ない存在として位置づけられている。

　濱島朗編『現代青年論』(1973) も，この『現代の青年』のように，『青年社会学』(豊澤・平澤編 1953) の趣旨を受け継ぎ，かつ先の井上と同じように「平均的な像ではなく，典型的な像を重視」するという立場をとっている。急激な社会変動によって顕在化する青年問題については，「家族」「地域」「職場」「学歴」「犯罪」などのように，先の松原 (1971) と比べてより多様な観点からの考察がなされている。

　と同時に，先の『現代の青年像』(見田 1968) のように，計量調査によって青年の全体像を把握しようとする試みも継続して確認される (吉田ほか 1978 など)。1974年には「青少年の性行動調査」(現：青少年の性行動全国調査，日本性教育協会) の第1回目の調査が高校生と大学生を対象にして実施された。全体像へのアプローチは現在でも続けられているように，決してなくなるわけでは

ないのだが，先の都市化や，後述する情報化，消費社会化という社会変動について考察する際には，とりわけ「都市の若者」に注目が集まるようになるのである。

---

4 社会学の対象としての「若者文化」

4-1 「若者文化論」の誕生

1970年代の社会学における青年・若者論におけるもうひとつの重要な特徴は，若者独自の文化に注目する議論が散見されるようになったことである。3-1で触れた『社会学評論』の「青年問題」特集で，井上は，R. カイヨワの「聖」-「俗」-「遊」概念を用いて，青年の意識・行動様式を考察している（井上 1971）。成人社会や社会生活一般を支配する「俗」の次元からの「離脱」としては，「聖」（まじめ）と「遊」（自由）という2つの方向性をとり得るが，井上によると1970年代の青年は，「遊」・「遊戯性」の方向へ大きく離脱していた。「遊戯性」とは，大人の余暇（レジャー）とは異なり，傷つきやすい自我を守るために物事を深刻に受け止めずにジョークとして受け流す「遊びの精神」のことである。

この遊戯性への傾斜が強まると，ユース・カルチャーは，成人文化との非連続的側面を持つようになる。たとえばヒッピー・ムーブメントにおけるフーテン族などがその典型だといえるだろう。青年にとって，大人の社会が準拠集団としての意味を失ってくると，若者たちのあいだに，なるべく大人になることを先延ばしにして，できるだけ長くユース・カルチャーのなかにとどまろうとする傾向が生じ，ユース・カルチャーの「自立化」はますます促進されるのである（井上 1971: 44）。その後の議論でも，成人文化との非連続性が若者文化の特徴として挙げられている。松原（1974）は，「Gパン，Tシャツ，長髪，フォーク・ニューロック，マンガ・イラスト，ミニコミ，ギャンブル，暴走，LSD，シンナー・マリファナ，フリーセックス等々」などの「若もの文化」（ママ）が，「反成人文化」から「脱成人文化」へと移行したことを指摘する。ただし，これらの一部は「ヤング・カルチュア」という名の商品として大量生産・大量消費がなされ，大人の，あるいは既成社会の経済メカニズムに組み込まれるようにな

っていた（松原 1974: 112-118）。

　また，3-2 で触れた青年の問題と同じように，若者文化が社会変動との関連のなかで論じられることもある。前述の『現代青年論』(1973) では，高橋勇悦が「都市化社会」との関わりのなかで「若者文化」について考察しており，家族集団からの離脱や地域社会との断絶感という都市における人間的・社会的原点の欠落（故郷喪失）と原点回復の反作用として若者文化が生成すると指摘する。また，都市の若者文化は，成人文化の先端であり，時代のさきがけという位置づけを与えている。

　1960 年代末以降の「社会の情報化」という変動のなかの若者文化に目を向けたのが，平野秀秋・中野収 (1975) である。レコード，イラスト，ポスター，漫画，ＦＭ放送，ラジオの深夜放送というメディア・情報と個人的に新しい関係を築く若者の社会的性格を「カプセル人間」として捉えた。この平野・中野のカプセル人間論は，1980 年代以降の「情報新人類論」，そして「オタク論」など，若者の新しいメディア・コミュニケーションに関する議論の土台を築いたといわれている（守弘 1993）。後述するように，とりわけ中野は，この後若者文化について多く論じていくようになるのだが，ただ，少なくともこの時点では，情報化という社会の変化を最も鋭く体現しているのがたまたま若者であっただけで，「事情が同じなら中年文化でも老年文化でもなんでもかまわなかった」とも述べている（平野・中野 1975: 320）。とはいえ，若者を時代のさきがけとして捉える点は，先の井上や高橋と同様の立場である。

　以上のような若者文化の自立化は，モラトリアムやアイデンティティの未決状態の引き延ばしという現象として注目され，問題化された（小此木 1978; 栗原 1981 など）。これらが問題化されたのは，大学進学率の上昇によって，モラトリアムを享受し得る学生層が都市のなかに大量に輩出され，その社会的影響力やライフスタイルを社会のなかで無視できなくなったことと深く関連しているのだろう。[3] 一方，若者論においては，先の流入青年などの勤労青年たちの存在感は薄れていった。

　ところで，日本の社会学における若者文化論は，先の井上俊の論考によって始められたとみなすことができる。[4] もちろん，それ以前にも，1950 年代の「太陽族」や 1960 年代の「みゆき族」のような若者文化が存在していたことは，

当時のマスメディアで盛んに取り上げられていたし，また，それらを題材にして事後的に発見されてもいる（坂田 1979，中野 1987，岩間 1995，難波 2007 など）。しかし，同時代の社会学的研究では，こうした若者文化を対象にした研究がほとんどなされていなかったのである。

4-2　消費社会のなかの若者文化

　1980 年代になると，新しい情報メディアを使いこなし，新しい風俗を創造する若者たちが，「大人」から「最先端の存在」として注目を浴びるようになる。社会に登場してきた新しいモノに関しては，若者（とりわけ大学生）の対応をみていればその利用像が予測できるというように，企業のマーケティングのターゲットにも位置づけられるようになった（守弘 1993）。若者を時代のさきがけとしてみなす見方が，社会学的研究に限らず，社会一般にも広がり始めたといえる。

　当時の若者の姿を最もよく表現しているのが「新人類」という言葉である。1961 年から 1970 年のあいだに生まれ，従来とは異なった感性や価値観を持つ者という意味で使用されることが多い。とくに新人類たちのファッションは，消費社会論・記号論的社会分析のなかで特権的な位置を占めていた。「世代内」における差異化を目指して（宮台ほか 1993），それぞれの雑誌を核に形成される「クリスタル族」や「JJ ガール」，「サーファー」，「ニューウェーブ」，「渋カジ」……などのように「タコツボ」化する「セクト」や「派」が生まれ，まさに東京はこれらが寄せ集まる「スタイルのスーパーマーケット」となった（難波 2007: 231-235）。

　他方で，1980 年代の若者論は「新人類」論に明けて「オタク」論に暮れたといわれるように，先の新人類のようなおしゃれな記号的人間関係から退却し，アニメやＳＦなどのメディアが与える現実代替的な世界に棲息する若者たちという意味で「オタク」という言葉が使われ始めた（宮台 1994）。オタクと新人類は，ネクラ／ネアカ，ダサい／おしゃれ等々という区別によって対照的なものとして位置づけられている。ただし，宮台真司（1994）によれば，1970 年代後半ではオタク的なものと新人類的なものとが同じ人間のなかで同居していたり，同じ遊び仲間のなかにオタク的な人びととおしゃれな人びととが混在してい

たことが決して珍しくなかったのだという。こうしたオタクと新人類を分けたのは，コミュニケーションの形式であり，対人関係を得意とする者が新人類文化における記号的消費を謳歌し，一方，対人関係が不得意な者で，こうした新人類文化に取り残された者の救済コードとなったのがオタク文化だったのである（宮台 1994）。

4-3　若者文化と都市空間

　以上で取り上げた若者文化の地域性に着目してみると，いずれも都市において生起した現象として議論されている。1980 年代以降の都市空間と若者（とりわけ新人類）の文化を積極的に関連づけて論じたのが先にも触れた中野収である（中野 1984, 1986, 1989, 1993 など）。ただし，中野が着目した「都市」とは，都市社会学的な「農村対都市という二項関係のなかで概念化される都市」ではなく，新しい空間の形式である「メディアとしての都市」であった（中野 1986: 181）。メディアとしての都市では，「多様な読解を許してくれるメディア，そのメディアの多数の存在，価値的ニュートラルな意味を含んでいて複数の解釈と利用を許してくれる情報，その情報の高密度，そして任意の時間に欲しいメディアとの接触，情報取得が可能な仕組みもしくは装置」が常に活発に稼働しており，若い世代は，周りの「ものとことと情報とメディア」（傍点引用元）を駆使しながら，自分一個の物語＝意味の体系を自前でつくりあげている（中野 1986）。都市と地方では，こうした自らのアイデンティティを構成するためのさまざまな情報の質と量が決定的に異なるのであり，人格の統合を実現しようとする若い世代にとって都市空間は格好の棲家となった（中野 1993: 24-25）[5]。ここで言及されている都市空間とは，「東京」，とりわけ現代的風俗を不断に表出するファッション空間としての「原宿・渋谷・青山」である（中野 1986: 181）。

　ただし，1980 年代以降の若者文化論は，ジャーナリスティックで比喩的で論拠が十分に示されていないとの批判がなされている（川崎 1987: 158）。高橋編（1987）や，「青少年シリーズ」の高橋・川崎編（1989），高橋・藤村（1990），高橋・内藤編（1990）は，若者文化とメディアの関係，多元的な生活世界そして若者と地域社会（都市，農村，盛り場）との関わりについて，多様な実証データを用いて理論的・経験的な考察をおこなうことで先の問題の克服を目指すもの

である。

　これらの一連の著作では，若者の動向を「都市社会を解明するための基盤」として捉えている（高橋・川崎編 1989: ii）。むろん，これまで述べてきたようにこうした立場は，他の若者論のなかにも確認される。つまり，1970 年代以降の若者論では，「都市の若者」を社会学が語るべき社会の変化を最も先鋭的に体現する者として位置づけるようになったといえる。

5 若者のコミュニケーション

5-1　消費からコミュニケーションへ

　1980 年代後半になると，若者文化と呼ばれてきたさまざまな行動様式がはっきりとした輪郭を失い，成人文化との連続性を見せ始めた。「若者」と呼ばれる時期を過ぎても，マンガ，ゲーム，音楽，ファッションなどへの関心やこだわりがなくなるわけではなく，また，これらが商品として広く普及し，他の世代にも浸透していった。それは，むしろこれらを駆使してアイデンティティを構成するという営みが，大人になってからもしばらく保持されることになったという状況を示してもいるのだろう。

　浅野智彦（2013）は，1980 年代は何をどのように消費しているのかによって自己を提示するという側面に力点がおかれていたのに対し，1990 年代はとくに友人間のコミュニケーションのあり方が，アイデンティティの大きな規定要因として捉えられるようになったと指摘する。[6]

　質問紙調査データを用いて若者の人間関係やコミュニケーションについて検証しているのが，青少年研究会による『みんなぼっちの世界』（富田・藤村編 1999）である。そこで先の浅野（1999）は，若者の親密性にみられる対人関係のパターンとして，相手との関係に応じて異なった顔をみせるが，それぞれの関係は濃密に保たれるという「状況志向」を見出している。状況志向の若者は，それぞれの関係に応じた自己を示す「多元的な自己」とでもいうべき様相を呈しており，コミュニケーションの変容が自己意識の変容と密接に関連していることを明らかにした。土井隆義（2004）も，若者たちは互いの異常な配慮がなされなければ「関係の維持が困難」になっており，「親密圏の人間関係のマネ

ージメントに際しても，きわめて莫大なエネルギーを注ぎ込んでいる」ことを指摘する（土井 2004: 15）。そして，ケータイメールなどによる濃密なコミュニケーションに着目するとともに，つながりを失うことに対する不安の高まりを「友だち地獄」と呼んだ（土井 2008）。

5-2 コミュニケーションのためのメディア

　マスメディアなどの言論や一部の若者論では，若者のコミュニケーションや人間関係が携帯電話やインターネットなどの普及によって希薄なものになっているという「関係希薄化論」が浮上することになった。1980 年代にみられた新しい情報機器やメディアを使いこなす若者に対する期待感は，急激になくなり，後に若者バッシングにもつながっていくような「若者」または「新しいメディア」を問題視する議論が台頭してくるのである。その後，多くの論者によって希薄化論の反証がなされており（辻 1999; 辻 2003; 福重 2006 など），たとえば橋元良明 (1998) は，実証データを用いて，ケータイ（携帯電話）やポケベルを利用する人ほど，交友関係は広くなるものの，友人と深いつきあいを好む傾向にあることを明らかにした。また，「番通選択」や「ワン切り」などの若者によるケータイの新しい利用方法も，「広く浅い友人関係」を維持するためではなく，そのときの状況に応じた相手と選択的につながるという「選択的な人間関係」に基づくものとして考察された（松田 2000）。

　情報コミュニケーション技術の発展・普及と共振する自己やコミュニケーション，親密性のあり方についても議論がなされている。宮台 (1994, 1997) は，団塊ジュニア世代の「女子高生」たちのネットワークが家・学校・地域以外の都市という「第四空間」のなかに拡がっており，こうしたネットワークは「ポケベル」などのメディアによって支えられていると指摘する。また，羽渕一代 (2006) によれば，ケータイは新しい出会いを増加させるとともに，地理的・時間的な制約のないところで維持される既存の人間関係をベースとした親密圏である「テレ・コクーン」の形成を可能にするという。ただし，このような特徴は，ポケベルやケータイのみに見出されるのではない。1990 年代半ばには，プリクラ（プリント倶楽部）や日常写真ブームが話題となったが，写真というメディアは，自分自身を再帰的に維持するための人間関係やリアリティを構築す

るコミュニケーションのためのツールとして，若者のあいだで用いられるようになった（角田 2004, 2016）。若者たちは多様なメディアを利用しながら，自己アイデンティティや友人関係，恋愛関係などの親密な関係性を維持しているのであり，これらを岩田ほか編（2006）では「コミュニケーション・サバイバル」として検討されている。山田真茂留（2009）が指摘するように，1980 年代以降，コミットしている文化の独自性によって若者を論じることが難しくなった代わりに，コミュニケーションの様式において若者の独自性が見出されるようになった。

とはいえ，ポケベル，ケータイ，あるいはプリクラなどのメディアは，若者のあいだに広く受け入れられていた要素が，企業によって新たなサービスとして取り入れられてきたように（富田・藤村編 1999; 岡田 2006），若者文化が消費文化のなかに取り込まれていくという構図は，あいかわらず継続して確認されている。こうした構図はもちろんのこと，若者たちのコミュニケーションの様式も，先の宮台（1994, 1997）の議論のように，やはり都市的な現象として論じられている[9]。

6 局所化する若者論

6-1 労働論的転回

後藤和智（2008）は，若者の雇用・労働の問題を扱わずエビデンスを欠くような若者論を「俗流若者論」として位置づけ批判した。しかし，こうした若者の問題性は，すでに社会学のなかでも共有されていたといえるだろう。とくに1990 年代後半以降，先に取り上げた文化やコミュニケーションに着目する議論とともに，ニートやフリーター，雇用問題など，労働論的な枠組みのなかで若者が論じられることが多くなってきた（苅谷 1995; 玄田 2001; 小杉 2003, 2010; 中西 2004; 山田 2004b; 本田 2005; 居神ほか 2005; 宮本 2005; 本田編 2007; 堀 2007; 太郎丸 2009; 乾ほか編 2017 など）。学校から職業への移行がスムーズに行われない就職しない／できない若者やその社会状況を研究対象に据えたのは，教育社会学や家族社会学の領域である。これらの議論では，1993 年あたりからの経済環境の変化，新自由主義経済による若年失業率や非正規雇用従事者の割合の増加，

雇用の不安定化などのように「格差社会」という社会変動との関連のなかで若者の姿が捉えられている。

　また，粒来 (1997)，苅谷ほか (1997)，耳塚編 (2000)，小杉編 (2002) などの調査研究の対象は，若年無業率の高さなどから，大都市（首都圏）となっており，2000 年代前半まで若年不安就労は都市的な現象として理解される傾向にあった (片山・牧野 2018: 16)。だが，学校卒業後就職も進学もしていない卒業者（学卒無業者）は，とりわけ非選抜型の大学や東北・北海道，九州・沖縄などの労働需要の少ない地域にある大学の卒業者である場合が多くみられたことから（小杉 2010 など），次項で取り上げるような労働・雇用状況においてより不利な立場にある「地方の若者」に対する関心が広がりつつある。

6-2　地元と地方の若者論の台頭

　2000 年代初頭には，「地元」という観点から若者たちに注目する議論が登場した。新谷周平 (2002) は，ストリートダンスをおこなう若者集団に着目し，彼らのフリーターという進路の選択には，場所，時間，金銭を共有する「地元つながり文化」が多大なる影響を及ぼしていると指摘する。「地元つながり文化」とは，上昇移動や地域移動による職業的達成を拒む「非移動の文化」であった（新谷 2002: 165）。また，彼らは東京から電車で 1 時間ほどのところに暮らし，ストリートダンスという「東京」的な文化に関与しているにもかかわらず，「東京に行かない」という感覚を持つ。先の 4〜5 節で確認した議論では，主に大都市，とりわけ「東京」の若者文化が取り上げられていた。しかし，新谷が見出した「地元つながり文化」は，必ずしも「東京」のそれには直接結びついていない。2000 年代以降の「ヤンキー」に関する議論も同様に，「東京」以外の若者の文化に焦点化したものと解釈することができる（五十嵐編 2009; 難波 2009; 知念 2018; 打越 2019 など）。

　とはいえ，ヤンキー文化論に示唆を与えたマーケターの原田曜平 (2014) のいう「マイルド・ヤンキー」には，東京都練馬区を地元とする若者グループが含まれていたように，若者文化論における「東京」とは必ずしも居住地のみを指しているのではない。それは最もファッショナブルな街として表象され，あるいは「メディアとしての都市」として位置づけられる「原宿，渋谷，青山」

のような特定の地域（中野 1986）のことである。以上のような地元の若者論の[10)]
盛り上がりは，かつての「刺激的な『東京』と退屈な日常の場である居住地」
という位置づけが有効性を失いつつあることを示しているのかもしれない。若
者にみられる地元の友人関係や共同性を重視するという傾向を，「東京」の文
化とは異なるものとして多くの論者が注目し始めたのである（鈴木 2008; 土井
2010 など）。

　地元つながりの重視，あるいは地元志向の高まりは，地方都市の若者のなか
にも見出されている。人間関係を維持するために地元での就労を望むという場
合，就業チャンスに恵まれない地方圏においては，選択肢を狭め職が得られな
かったり，失業したりするリスクが伴うものとなる（李・石黒 2008）。だが，尾
川満宏（2011）が指摘するように，離職経験のある若者を再び労働市場へと引
き戻すのも，また地元つながりのネットワークを通してなのである。

　地方都市における地元志向のよりポジティブな側面に着目したのが阿部真大
（2013）だ。ドライブやショッピングを楽しむことができる「イオンモール」の
存在，モータライゼーションによる地域住民とのしがらみからの解放，労働環
境は厳しいものの，やりがいや親の金銭的サポートに支えられることによって，
地方都市は，若者にとってほどほどに楽しいところとなった。すなわち，かつ
ての「つまらない地方／刺激的な大都市」という構図が，2000 年代以降，「つ
まらない地方（田舎）／ほどほどに楽しい地方都市／刺激的な大都市」へと変化
したのである（阿部 2013: 33）。

　では，この構図における「地方（田舎）」と「地方都市」の関係はどうなって
いるのだろうか。轡田竜蔵（2017）は，地方で暮らす若者の多様性を捉えるた
めに，条件不利地域圏である「いなか」と地方中枢拠点都市圏である「まち」
の比較を通して，地方圏に住む若者の幸福の成立条件について考察している。
それは前述の阿部による「地方（田舎）」と「地方都市」とほぼ同義であり，大
都市圏以外で暮らす若者を一括りにするのではなく，その多様性を捉えるため
の論点が提起されている。

　また，地方の若者の仕事，結婚，暮らしについて，社会政策的な観点から着
目する議論もある（石井ほか編 2017）。他方，学歴や雇用など階層移動における
地方から都市への若年層の流出は，「ローカルトラック」として以前より問題

化されてきた（吉川 2001）。最近では，必ずしも職業的地位の達成を前提としない移動や，一度都会に出た人びとが故郷に戻る U ターン，別の場所で生まれた人が地方に住まう I ターンなどの現象にも注目が集まっている（苅谷編 2014など）。

　以上の議論のように，地方あるいは地方都市の若者に関しては，労働・雇用の問題だけではなく，価値観やライフスタイルを都市とは異なるものとしてその地域にみられる固有性について検討する試みがなされている。当然のことながら，ここではもう従来の若者論のように大規模な都市の若者に若者一般を代表させるという見方はなされていない。

6-3　2000 年代以降の若者論と「都市」の関係

　次に，2000 年代以降の「都市の若者」に関する議論を確認したい。まず，特定の文化を共有する若者集団に着目する議論がある。荒井悠介（2009, 2017）は，フィールドワークをもとに渋谷に集うギャル・ギャル男の集団をユース・サブカルチャーとして捉え，その集団にみられる独自の価値観や行動様式について考察している。難波功士（2007）は，戦後の「太陽族」から 2000 年代初頭の「渋谷系」に至るまでの仲間集団の変遷を描き，その集団が「族」と呼ばれるものから，ゆるやかに結びついた「系」へと移行を遂げていることを明らかにした。レイブ・クラブカルチャーに着目した上野俊哉（2005）も，都市のトライブ（部族）は趣味に基づく弱い紐帯であると述べている。これらは，主に都市における若者集団を議論の中心に据えるものである。こうした議論のなかでも，とりわけその都市性を強調したのが田中研之輔（2016）である。田中は，スケートボードを媒介に形成される若者集団の文化を都市下位文化として，つまり都市的な現象として捉えている[11]。ただし，田中の調査対象地は，東京都の秋葉原駅前，新宿中央公園などとともに茨城県の土浦駅周辺となっており，ここでいう都市とは，地方都市をも含む，より広義のものとなっている。

　一方，若者文化について論じる際に，「都市」という特性が捨象されている議論がある（中西 2011; 藤村ほか編 2016; 北田・解体研編 2017）。北田・解体研編（2017）は，若者文化を「趣味」という観点から再考するもので，東京の練馬区に住む若者を対象にした調査データが用いられている。しかし，それにもかか

わらず，工藤雅人（2017）の論考を除き，対象の若者が都市に居住していることについては考察から外されている。若者論，とくに若者文化に関する議論のなかでは，都市の存在感が格段に薄くなっているのである。

　この点について示唆的なのが，北田暁大（2002）の「都市の脱舞台化」に関する議論である。ケータイなどのモバイルメディアを通してなされる若者たちの極めてコンサマトリーな「つながりを確認するためだけにつながる」というコミュニケーションが台頭してくると，それまでアイデンティティ装置として機能してきた都市空間は，単にそうしたコミュニケーションを活性化するためのネタを提供する場に過ぎなくなった。とりわけ渋谷は，全国展開されるチェーン店が増えたことによって「巨大な郊外都市」となり，おしゃれな街という象徴性を失ったのである（北田 2002）。都市の固有性の喪失については，ほかにも「サイバー都市」（若林 2010），都市のモール化による消費空間の均質化（若林 2013），「無印都市」（近森・工藤編 2013）などのように，さまざまな観点から論じられている[12]。

　以上の都市論のなかで指摘された都市の変容，あるいは地方都市の変容は，当然，「都市の若者論」にも少なからず影響を及ぼしている。都市の固有性が見出し難いのであれば，高度経済成長期以降の若者論のなかで採用されていた都市の若者に先進性を見出し，そしてそれが全国へと広がっていくとする見方は，再考を迫られることになるであろう。轡田（2017）も，「大都市にひきつけられる若者を最前線とみなし，地方暮らしの若者を単なるフォロワーと見なす枠組みは，時代遅れになりつつある」と指摘する（轡田 2017: 3）。

　前々項の 1990 年代後半以降の雇用問題などを焦点とする若者論が示していたように，学歴や収入，労働形態，そして結婚年齢などのライフコースについては，都市と地方の間には依然として決して小さくはない格差が存在している。しかし，消費に関する行動様式，友人・恋愛関係，SNS などの利用状況，コミュニケーションのあり方などはどうであろうか。おそらく学歴や労働形態ほどには，絶対的な違いが確認しづらくなっていることは容易に想像される。じっさい，都市／地方の比較を通して，「都市の若者の先進性」はどの部分にみられるのか，また，都市の若者を通して得られたこれまでの諸知見は日本社会全体の文脈ではどのように位置づけられるのかということの検証も始まってい

る（青少年研究会 2016; 辻 2016; 辻ほか 2017 など）。ただし，「都市／地方」という単純な二分法による比較では不十分である。「地方」も一枚岩ではないように (6-2)，「都市」といっても，当然のことながら「都心」部と，主に居住地である「郊外」とでは明らかにその特性が異なるからだ。

7　おわりに

　以上，本章では，戦後の若者論の流れをその地域性に着目しながら概観してきた。1950 年代の若者論（当時の言葉でいうと青年社会学）では，すでに「都市／地方（農村）」という観点を用いた議論の蓄積があることが確認された。ただし，高度経済成長期以降は，都市化や情報化，そして消費社会化という社会学が語るべき大きな社会変動についての考察がなされる際には，とりわけそれを先鋭的に体現していると考えられた「都市の若者」に注目が集まるようになった。つまり，主に「都市の若者」を通して「若者一般」（ひいては全体社会）を捉えるというやり方が，若者論のなかで採用されてきたといえる。

　しかしながら，若者と都市，社会との関係，そしてこれらの語られ方が大きく変わった。先の 6 節で確認したように，現在では上記のような前提に立つ研究は，明らかに減少している。2000 年代以降の都市の若者集団に着目した議論でさえ，実はその前提に基づいておらず，都市のなかのある局域における若者について論じるというスタンスとなっている。また，対象地域が都市あるいは都市以外であっても「地元」という枠組みを用いた研究が散見されるのも，同様に局域の局所性に注目した議論として考えることができるだろう。

　若者の意識や関係性，コミュニケーションのあり方は，一元的に理解するのではなく，居住地や性別，階層による違いに着目する必要がある。とはいえ，それだけでは十分ではない。本書のように，居住地という枠組みだけではこぼれ落ちてしまう，若者たちが集うリアルな場所に目を向けながら検討していくことが求められている。

■注

　1 ）そもそも農村に対しては，戦前より社会学的研究が蓄積されていたものの，日本の都市社会学

が成立したのは，1948〜1960年のあいだである（鈴木 1985）。ちなみに，1961年から1972, 3年までが急激な産業化＝都市化が争点となった都市社会学における展開期として，1974年以降は多様な調査研究が累積し始めた定着期として位置づけられている。

2）同特集には，以下の三者に加え，間馬寿一による「青年の政治意識」（1971）が掲載されている。

3）大学進学率は，1959年は8.1%（男性13.7%，女性2.3%），1969年は15.4%（男性24.7%，女性5.8%），1979年には26.5%（男性39.3%，女性12.2%）まで上昇している（『文部統計要覧』）。

4）井上は，Youth Culture の訳語として「青年文化」を当てている。しかし，成人文化から自立した文化について論じていることから，大人になる過程ですべての人が通過する「青年文化」ではなく，後に，使用され一般化していく「若者文化」の含意があったものと考えられる。

5）その意味で，「都市で遊ぶ」若者にとっては，都市に関するさまざまな情報が掲載された『シティロード』や『ぴあ』という情報誌が欠かせないものになった（石田 1998）。

6）また，『サブカルチャー神話解体』（宮台ほか 1993）でも，少女マンガや青少年マンガ，音楽，性などの「サブカルチャー」に見出されるコミュニケーションのあり方を現実の複雑性や関係の偶発性という問題に対応するものとして論じられている。

7）発信者の番号を通知する機能を用いることによって，電話をとるかを決める行動のこと。

8）ただし，松田（2000）は，選択的な人間関係は「若者」に限ってみられるものではなく，「日常的に接触可能な人口」の増加という，社会的ネットワーク論や都市論というより広い文脈に位置づけられるものとして捉えている。

9）宮台（1994）のブルセラやテレクラのフィールドワークも，匿名的な人間関係という都市的な現象に関する議論である。

10）だから，当然，渋谷区や港区を地元とする層もいる。

11）また，田中（2016）によると，こうした下位文化の担い手は「若者」も含むが必ずしも若者だけに限定されない。

12）1980年代以降，都市を舞台にして論じられてきたファッションについても，近年ではその結びつきが弱くなっていることが指摘されている（中村 2010; 木村 2016; 工藤 2017）。

参考文献

阿部真大（2013）『地方にこもる若者たち』朝日新聞出版.

赤堀孝（1951）「都市の学校」『教育社会学研究』1: 53-61.

浅野智彦（1999）「親密性の新しい形へ」富田英典・藤村正之編『みんなぼっちの世界——若者たちの東京・神戸 90'S 展開篇』恒星社厚生閣，41-61.

―――（[2013] 2015）『「若者」とは誰か——アイデンティティの30年（増補新版）』河出書房新社.

―――（2016）「はしがき」川崎賢一・浅野智彦編 2016『〈若者〉の溶解』勁草書房，i-xi.

浅野智彦編（2006）『検証・若者の変貌』勁草書房.

荒井悠介（2009）『ギャルとギャル男の文化人類学』新潮社.

―――（2017）「社会的成功のため勤勉さと悪徳を求める若者たち——渋谷センター街のギャル・ギャル男トライブ」多田治編『社会学理論のプラクティス』くんぷる，35-57.

新谷周平（2002）「ストリートダンスからフリーターへ——進路選択のプロセスと下位文化の影響力」『教育社会学研究』71: 151-170.

近森高明・工藤保則編（2013）『無印都市の社会学——どこにでもある日常空間をフィールドワー

クする』法律文化社.

知念渉（2018）『〈ヤンチャな子ら〉のエスノグラフィー――ヤンキーの生活世界を描き出す』青弓
　　社.

中央青少年問題協議会（1965）『青少年問題研究調査報告書』総理府中央青少年問題協議会.

土井隆義（2004）『「個性」を煽られる子どもたち――親密圏の変容を考える』岩波書店.

―――――（2008）『友だち地獄――「空気を読む」世代のサバイバル』筑摩書房.

―――――（2010）「地方の空洞化と若者の地元志向――フラット化する日常空間のアイロニー」『社
　　会学ジャーナル』35: 97-108.

藤村正之・浅野智彦・羽渕一代編（2016）『現代若者の幸福――不安感社会を生きる』恒星社厚生
　　閣.

福重清（2006）「若者の友人関係はどうなっているのか」浅野智彦編『検証・若者の変貌――失わ
　　れた10年の後に』勁草書房，115-150.

古市憲寿（2011）『絶望の国の幸福な若者』講談社.

玄田有史（2001）『仕事のなかの曖昧な不安――揺れる若年の現在』中央公論社.

後藤和智（2008）『おまえが若者を語るな！』角川書店.

濱島朗編（1973）『現代青年論』有斐閣.

橋元良明（1998）「パーソナル・メディアとコミュニケーション行動――青少年にみる影響を中心
　　に」竹内郁郎・児島和人・橋元良明編『メディア・コミュニケーション論』北樹出版，117-
　　138.

羽渕一代（2006）「高速化する再帰性」『ケータイのある風景――テクノロジーの日常化を考える』
　　北大路書房，121-139.

原田曜平（2014）『ヤンキー経済――消費の主役・新保守層の正体』幻冬舎.

樋口明彦・上村泰裕・平塚真樹編（2011）『若者問題と教育・雇用・社会保障――東アジアと周縁
　　から考える（現代社会研究叢書4）』法政大学出版局.

平野秀秋・中野収（1975）『コピー体験の文化』時事通信社.

本田由紀（2005）『若者と仕事――「学校経由の就職」を超えて』東京大学出版会.

本田由紀編（2007）『若者の労働と生活世界――彼らはどんな現実をいきているか』大月書店.

堀有喜衣（2007）『フリーターに滞留する若者たち』勁草書房.

五十嵐太郎編（2009）『ヤンキー文化論序説』河出書房新社.

居神浩・三宅義和・遠藤竜馬・松本恵美・中山一郎・畑秀和（2005）『大卒フリーター問題を考え
　　る』ミネルヴァ書房.

井上俊（1971）「青年の文化と生活意識」『社会学評論』22（2）: 31-47.

乾彰夫・本田由紀・中村高康編（2017）『危機のなかの若者たち――教育とキャリアに関する5年
　　間の追跡調査』東京大学出版会.

石田佐恵子（1998）「〈有名性〉にあふれる場所――情報誌による〈都市〉空間」『有名性という文
　　化装置』勁草書房，166-185.

石井まこと・宮本みち子・阿部誠編（2017）『地方に生きる若者たち――インタビューからみえて
　　くる仕事・結婚・暮らしの未来』旬報社.

岩間夏樹（1995）『戦後若者文化の光芒――団塊・新人類・団塊ジュニアの軌跡』日本経済新聞社.

岩佐淳一（1993）「社会学的青年論の視角」小谷敏編『若者論を読む』世界思想社.

岩田考・羽渕一代・菊池裕生・苫米地伸編（2006）『若者たちのコミュニケーション・サバイバル』
　　恒星社厚生閣.

片瀬一男（2015）『若者の戦後史』ミネルヴァ書房，1-44.

片山悠樹・牧野智和（2018）「教育社会学における『地方の若者』」『教育社会学研究』102: 5-31.

苅谷剛彦（1995）『大衆教育社会のゆくえ——学歴主義と平等神話の戦後史』中公新書.

苅谷剛彦・粒来香・長須正明・稲田雅也（1997）「進路未決定の構造——高卒進路未決定者の析出メカニズムに関する実証的研究」『東京大学大学院教育学研究科紀要』37: 45-76.

苅谷剛彦編（2014）『「地元」の文化力』河出書房新社.

川崎賢一（1987）「比較青年文化論——新人類の社会学的考察」高橋勇悦編『青年そして都市・空間・情報』恒星社厚生閣, 157-199.

川崎賢一・浅野智彦編（2016）『〈若者〉の溶解』勁草書房.

吉川徹（2001）『学歴社会のローカル・トラック——地方からの大学進学』世界思想社.

北田暁大（2002）『広告都市・東京——その誕生と死』廣済堂出版（→ 2011, 『増補　広告都市・東京』筑摩書房）.

————（2012）「若者論の理由——若者文化論はなぜ繰り返され続けるのか」小谷敏・土井隆義・芳賀学・浅野智彦編『「若者の現在」　文化』日本図書センター, 33-62.

北田暁大・解体研編（2017）『社会にとって趣味とは何か——文化社会学の方法規準』河出書房新社.

北川隆吉（1971）「青年の問題——問題接近の視角を中心に」『社会学評論』22（2）: 6-14.

木村絵里子（2016）「ファッションによる自己表現と都市経験」『「若者の生活と意識に関する全国調査 2014」報告書』青少年研究会, 105-120.

桐原葆見・狩野広之・越河六郎（1963）「農村青少年の都市流入等生活環境の激変が青少年に与える影響について」『青少年問題に関する研究調査報告書　第 3 部』中央青少年問題協議会, 35-51.

小杉礼子編（2002）『自由の代償／フリーター——現代若者の就業意識と行動』日本労働研究機構.

小杉礼子（2003）『フリーターという生き方』勁草書房.

————（2010）『若者と初期キャリア——「非典型」からの出発のために』勁草書房.

小谷敏（2008）『若者たちの変貌——世代をめぐる社会学的物語』世界思想社.

小谷敏編（1993）『若者論を読む』世界思想社.

————（2017）『二十一世紀の若者論——あいまいな不安を生きる』世界思想社.

工藤雅人（2017）「『差別化という悪夢』から目ざめることはできるか？」北田暁大・解体研編『社会にとって趣味とは何か——文化社会学の方法規準』河出書房新社, 205-229.

轡田竜蔵（2017）『地方暮らしの幸福と若者』勁草書房.

栗原彬（1981）『やさしさのゆくえ＝現代青年論』筑摩書房.

松原治郎（1971）『現代の青年——変動期における意識と行動』中央公論新社〔中公新書〕.

————（1974）『日本青年の意識構造——「不安」と「不満のメカニズム」』弘文堂.

松田美佐（2000）「若者の友人関係と携帯電話利用——関係希薄論から選択的関係論へ」『社会情報学研究』4: 111-122.

耳塚寛明編（2000）『高卒無業者の教育社会学的研究』平成 11 年〜12 年度科学研究費補助金報告書.

見田宗介（1965）「新しい望郷の歌」『日本』8（11）, 214-219（→ 2008, 『まなざしの地獄　尽きなく生きることの社会学』河出書房新社）.

————（1967）『近代日本の心情の歴史』講談社.

————（1968）『現代の青年像』講談社.

————（1973）「まなざしの地獄——都市社会学への試論」『展望』5 月号：98-119（→ 2008, 『まなざしの地獄　尽きなく生きることの社会学』河出書房新社）.

宮台真司・石原英樹・大塚明子（1993）『サブカルチャー神話解体——少女・音楽・マンガ・性の 30 年とコミュニケーションの現在』パルコ出版.

宮台真司（1994）『制服少女たちの選択』講談社.

─────（1995 → 1998）『終わりなき日常を生きろ』筑摩書房.

─────（1997）『世紀末の作法──終ワリナキ日常ヲ生キル知恵』メディアファクトリー.

宮本みち子（2005）『若者が社会的弱者に転落する』洋泉社.

守弘仁志（1993）「情報新人類の考察」小谷敏編『若者論を読む』世界思想社，142-168.

森川嘉一郎（2003）『趣都の誕生──萌える都市アキハバラ』幻冬舎.

中西新太郎（2004）『若者たちに何が起こっているのか』花伝社.

─────（2011）『シャカイ系の想像力（若者の気分）』岩波書店.

中野収（1984）『コミュニケーションの記号論──情報環境と新しい人間像』有斐閣.

─────（1986）『メディアと人間──コミュニケーション論からメディア論へ　ホモ・メディウスシリーズ 2』有信堂.

─────（1987）『現代史のなかの若者──歴史のなかの若者たち 8』三省堂.

─────（1989）『東京現象』リクルート出版.

─────（1993）『都市の「私物語」──メディア社会を解読する』有信堂高文社.

中村由佳（2010）「ユニクロ」遠藤知巳編『フラット・カルチャー──現代日本の社会学』せりか書房，62-69.

難波功士（2004）「「若者論」論」『関西学院大学社会学部紀要』97: 141-148.

─────（2007）『族の系譜学──ユースサブカルチャーズの戦後史』青弓社.

─────（2009）『ヤンキー進化論──不良文化はなぜ強い』光文社.

日本青年館調査研究室・日本青年団協議会編（1964）『都市青年の実態調査』日本青年館調査研究室.

尾川満宏（2011）「地方の若者による労働世界の再構築──ローカルな社会状況の変容と労働経験の相互連関」『教育社会学研究』88: 251-271.

小川利夫・高沢武司編（1967）『集団就職──その追跡調査』明治図書出版.

岡田朋之（2006）「ケータイの生成と若者文化──パーソナル化とケータイ・インターネットの展開」松田美佐・岡部大介・伊藤瑞子編『ケータイのある風景──テクノロジーの日常化を考える』北大路書房，25-44.

小此木啓吾（1978）『モラトリアム人間の時代』中央公論社.

大浦猛（1951）「東京における青少年集団の一つの問題」『教育社会学研究』1: 42-52.

李永俊・石黒格（2008）『青森県で生きる若者たち』弘前大学出版会.

坂田稔（1979）『ユースカルチュア史──若者文化と若者意識』勁草書房.

佐藤博志・岡本智周（2014）『「ゆとり」批判はどうつくられたのか──世代論をときほぐす』太郎次郎社エディタス.

青少年研究会（1995）『都市と世代文化に関する実証研究』科学研究費補助金研究成果報告書.

─────（2016）『「若者の生活と意識に関する全国調査 2014」報告書』.

塩原勉（1971）「序論　青年問題への視角」『社会学評論』22（2）: 2-5.

鈴木広（1985）「概説　日本の社会学　都市」『リーディングス　日本の社会学 7　都市』東京大学出版会，3-16.

鈴木謙介（2008）『サブカル・ニッポンの新自由主義──既得権批判が若者を追い込む』筑摩書房.

高橋勇悦（1973）「都市化社会の若者文化──原点喪失とあそび」濱島朗編『現代青年論』有斐閣，146-162.

高橋勇悦編（1987）『青年そして都市・空間・情報』恒星社厚生閣.

高橋勇悦・川崎賢一編（1989）『メディア革命と青年』恒星社厚生閣.

高橋勇悦・藤村正之編（1990）『青年文化の聖・俗・遊』恒星社厚生閣.

高橋勇悦・内藤辰美編（1990）『青年の地域リアリティ感覚』恒星社厚生閣.

高橋勇悦監修（1995）『都市青年の意識と行動─若者たちの東京・神戸 90's 分析篇』恒星社厚生閣.

田中研之輔（2016）『都市に刻む軌跡──スケートボーダーのエスノグラフィー』新曜社.

太郎丸博（2009）『若年非正規雇用の社会学』大阪大学出版会.

富田英典・藤村正之編（1999）『みんなぼっちの世界──若者たちの東京・神戸 90's 展開編』恒星社厚生閣.

豊澤登・平澤薫編（1953）『青年社会学』朝倉書店.

粒来香（1997）「高卒無業者層の研究」『教育社会学研究』61: 185-208.

辻大介（1999）「若者のコミュニケーションの変容と新しいメディア」橋元良明・船津衛編『シリーズ・情報環境と社会心理 3 子供・青少年とコミュニケーション』北樹出版，11-27.

辻泉（2003）「携帯電話を元にした拡大パーソナル・ネットワーク調査の試み──若者の友人関係を中心に」『社会情報学研究』7: 97-111.

───（2016）「地元志向の若者文化」『〈若者〉の溶解』勁草書房，147-176.

辻泉・大倉韻・野村勇人（2017）「若者文化は 25 年間でどう変わったか──遠隔＝社会，対人生，個人性」三領域の視点からの「計量的モノグラフ」」『中央大学文学部紀要』268: 107-137.

角田隆一（2004）「思い出をつくる若者たち──現代的自己の記憶論的アプローチ」宮台信司・鈴木弘輝編『21 世紀の現実──社会学の挑戦』ミネルヴァ書房，143-172.

───（2016）「コミュニケーションをつくる映像文化」，長谷正人編『映像文化の社会学』有斐閣，99-117.

打越正行（2019）『ヤンキーと地元』筑摩書房.

上原健太郎（2014）「ネットワークの資源化と重層化──沖縄のノンエリート青年の居酒屋経営を事例に」『教育社会学研究』95: 47-66.

上野俊哉（[2005] 2017）『新増補版 アーバン・トライバル・スタディーズ──パーティ，クラブ文化の社会学』月曜社.

若林幹夫（2010）『〈時と場〉の変容──「サイバー都市」は存在するか？』NTT 出版.

───（2013）『モール化する都市と社会──巨大商業施設論』NTT 出版.

安井忠次（1954）「都市における青年集団の特質」（大会研究発表要項）『教育社会学研究』5: 123.

山田真茂留（2009）『〈普通〉という希望』青弓社.

山田昌弘（1999）『パラサイトシングルの時代』筑摩書房.

───（2004a）『パラサイト社会のゆくえ──データで読み解く日本の家族』筑摩書房.

───（2004b）『希望格差社会』筑摩書房.

吉田昇・門脇厚司・児島和人（1978）『現代青年の意識と行動』日本放送出版協会.

オタク文化は，現在でも都市のものなのか

大倉　韻

1 「オタク」の変化

　1980 年代後半以降注目されてきた「オタク」と呼ばれる人びとに関する議論は，彼らが都市に居住していることを暗黙の前提としてきた。それというのも，2000 年代後半以降にインターネットを介したコンテンツ配信や通信販売が充実するまで，アニメ・マンガ・ゲーム（以下 ACG と呼称）などのコンテンツ消費（モノ消費）は DVD や書籍などの実体メディアを必要としており，それらへのアクセスが容易な大都市＝「趣都」（森川 2003）近郊に居住していることが「オタク」であることの要件となっていたからである。

　だが情報・流通インフラの整備が進んだ今日では，それらコンテンツ消費の地域格差は解消しつつあるようにみえる。一方で近年，アニメやゲームの音楽を扱うライブイベントや同人誌即売会など，単なるコンテンツ消費にとどまらず参加・体験する種類の消費行動（コト消費）が増加しており，そうしたイベントは都市部に集中する傾向にあるため，新たな地域格差が生じているようにも見受けられる。このような状況のなかで，ACG にかかわる種々の消費行動と居住地域の違いはどのように関連しているのだろうか。この点を検討するのが本章の目的である。

　居住地域の違いが若者のオタク文化への接し方に与える影響について，本章ではオタク趣味自認，モノ消費，コト消費，オタク趣味に関する意識，の 4 層に焦点を当てて検討する。アニメ・マンガ・ゲームなどのオタク趣味はコンテンツ消費を前提としており，したがってそれを届けるメディアを必要とする。

ブロードバンドインターネットが普及する以前の人びとがオタク趣味を持つためには，実体メディアの入手という大きな障壁が存在した。マンガや小説やアニメ・ゲーム情報誌などの冊子媒体，DVD や CD やゲームカセット・ディスクなどの電子媒体が早く・大量に・多様に供給されるのは都市部であり，非都市在住者は専門店の不在・店主のオタク趣味への無理解などによりそうした媒体を入手することさえ困難が伴っていた。またビデオゲームについても，家庭用ゲームより高性能なアーケードゲームを大画面モニターでプレイしたり，他のプレイヤーと対戦したりするためには都市部のゲームセンターに行かねばならなかったし，TV アニメにおいても地上波テレビのチャンネル数が少ない地域では話題のアニメが視聴できないという事態が珍しくないなど，都市／非都市によるモノ消費の差が指摘されていた（熊代 2014; デューク東条 2009 など）[1]。

　本章では，青少年研究会が 2014 年におこなった質問紙調査である「若者の生活と意識に関するアンケート[2]」の結果を中心に，オタク趣味を持っているか（オタク趣味自認），オタクコンテンツを実際に消費しているか（オタク趣味消費，モノ消費とコト消費の両面から），オタク趣味に関する意識や態度，を都市度と関連させながら検討する。さらに，重回帰分析と呼ばれる分析手法を用いて，オタク項目が自己肯定感や孤独感にもたらす影響について地域差がみられるかを分析する。

2 　仮説の提示

　先に述べたように，現在ではオタクコンテンツの消費における居住地域差はインターネットの普及と通信販売の発達，また消費者の増加により解消してきていると考えられる。したがってオタク趣味を持つ上で居住地域による困難は相当程度改善しており，「オタク文化に関する趣味を持つかどうか（オタク趣味自認）には有意な地域差がない」と想定される（**仮説 1**）。

　ただし，自分がどのような趣味を持つか（趣味自認）と，実際にそうした趣味にもとづく消費行動を取るか（趣味消費）は必ずしも一致しない。岡澤と團は質問紙調査の結果から，どのような種類の小説を読むかによって「小説」を趣味とみなすかどうかに差があることを示した。それによると，ケータイ小説

の読者は小説を趣味として選択しない傾向があり，それがテイストの差に起因する，「読んではいるものの，自分が読んでいる小説は読むに値しないものであり，小説を読むことが趣味だなんて答えられない」と捉える人びとが一定数いるとされている（岡澤・團 2017: 146-152）。またゲームについても，たとえばアメリカではゲームプレイヤーの割合に性差がない（成人男性の50%，成人女性の48%）にもかかわらず，自らを「ゲーマー」とみなすかどうかには大きな性差があった（成人男性の15%，成人女性の6%，Pew Research Center 2015）。加えて，就職や出産育児などのライフステージ上の変化により趣味消費行動をとるための時間的・金銭的余裕がなくなったものの，かつて消費していた趣味を今も趣味と自認する態度はしばしばみられるものである。したがって趣味自認だけではなく趣味消費についても検討する必要があるだろう。具体的にはマンガの消費実態，ゲームの利用実態，というモノ消費について確認する。この点に関しては**仮説1**と同様に，「オタク趣味のモノ消費には有意な地域差がない」ことが想定される（**仮説2**）。

　オタク趣味に関するコト消費に注目すると，コミックマーケットをはじめとした同人誌即売会はかつては東京に集中する傾向にあったが，今では多くの地方都市で大小さまざまな即売会が開催されるようになっている（藤田 2004）。またアニメやゲームの楽曲を扱うライブやコンサートが各地で開催されたり，「2.5次元」と呼ばれるACG作品を原作とした演劇やミュージカルが全国ツアーを開催したりするようにもなっている。中には地方自治体が地域振興のためにオタク関連企業を誘致してイベントを開催する例もあり，これらイベントへの参加についても居住地域による差は解消しつつあると想定される。また近年メディアで取り上げられることの増えた，アニメやゲームの舞台を訪問する「聖地巡礼」[3]と呼ばれる行為もコト消費に該当するだろう。たとえば聖地巡礼ブームの火付け役として知られるメディアミックス作品「らき☆すた」では，登場キャラクターの住む神社のモデルとなった鷲宮神社（埼玉県）への初詣客がアニメ放映後に13万人（2007年）から30万人（2008年）へと急増したという（岡本 2018）。ただし，そうした行動がオタク全体の中で必ずしも一般的な消費行動であるとは限らない[4]。潜在的な「オタク」人口を考慮に入れると，たとえば2014年8月のコミックマーケットの参加者55万人（コミックマーケット準備会

2015），2016 年の Animelo Summer Live（アニサマ）の参加者 8.1 万人（NIKKEI STYLE 2016）といった数字はあくまでオタク全体の一部に留まるものと思われる。したがって大多数のオタクはそうしたコト消費をおこなわないと予想され，「オタク趣味のコト消費には有意な地域差がない」という仮説が導かれる（**仮説 3**）。

　最後に，人びとのオタク趣味との向き合い方，オタク趣味を持つ人びとに対する印象，またオタク趣味を持つ人びとの自己意識について検討したい。モノ消費の地域差が縮小し，またコト消費をする若者が少数にとどまるとしても，オタク趣味との向き合い方に地域差がみられなくなっているとはかぎらない。同時にそうしたオタク趣味を持つ人びとに対するイメージも，地域差の存在が予想される。また「萌え」と呼ばれる，ACG キャラクターに強い思い入れや恋愛感情を持つことについてはどうだろうか。こうした感情は現実の恋愛や結婚に対する態度が影響すると考えられるが，木村は本章と同じデータを用いた分析から，都市度が恋愛経験に与える影響はきわめて小さいと結論しつつ，恋人とのつきあい方や恋愛に対する意識については都市度による違いが確認されると述べている（木村 2016）。したがって ACG キャラクターへの感情も，おそらく地域差があるだろう。そして自己意識については，牧野（2016）がやはり同じデータをもとに「アニメ・コミック・ゲーム（ACG）に関連する趣味をもつことは，都市度最上位においてのみ自己肯定感にマイナスに作用する資源となる」とする「ACG 趣味仮説」を提出している。以上よりオタクやオタク趣味のとらえ方・かかわり方は都市度によって異なる可能性があるため，本章では，「オタクや ACG 趣味に対する意識や向き合い方には有意な地域差がある」（**仮説 4**），「オタクであることは自己肯定感や孤独耐性に影響を与える」（**仮説 5**）と考え，これを検証する。

　なお本章では「オタク文化」とされる趣味領域のうち，比較的広く支持されている「アニメ・マンガ・ゲーム」について，それを趣味と自認し，消費行動を活発におこなう人びとのことを「オタク」と定義しておく。

3 GYS 調査の分析

　上記の仮説を検討する前に，本節では別のデータを用いて，自分のことをオタクだと思うか（オタク自認），オタク趣味を持っているか（オタク趣味自認），オタクコンテンツを消費しているか（オタク趣味消費）という回答の経年変化について紹介しておきたい。ここで用いる調査データは，グローバル若者文化研究会（代表：松田美佐中央大学教授）が 2015 年におこなった質問紙調査である「若者の生活と文化に関する調査」（以降 GYS 調査と表記）の結果と，それと共通する質問項目を用いて実施された 1990 年，2005 年，2009 年の調査である[7]。

　表 1-1 にあるように，「自分には『オタク』っぽいところがある」と回答した割合は，1990 年では 1 割強に留まっていたが，2005 年以降急増し 2015 年には杉並区で 55.3%，松山市で 53.3% となっている。性別による違いをみると常に男性の方が多いが，統計的な有意差のある項目は少なく[8]，2015 年ではほとんど差がなくなっている。

　地域差についてみると，2005・2009 年調査では杉並のほうが 10% 前後多くなっており，統計的にも有意な差があった。しかし，2015 年では差が急激に縮まり，また統計的な差も確認できなくなっている。杉並では 2009 年ですでに 6 割弱と高止まりしており，都市部でのオタク自認の増大と定着がみてとれる。松山は杉並にやや遅れるかたちで増加しており，2009 年には 2005 年杉並と同水準，2015 年には同年の杉並に追いついた格好になっている。こうした

表 1-1 「オタク」っぽいところがある（オタク自認）

	1990	2005			2009			2015		
		杉並	松山	検定	杉並	松山	検定	杉並	松山	検定
全体	13.4%	47.0%	36.2%	*	59.4%	50.2%	*	55.3%	53.3%	n.s.
男性	15.2%	52.5%	40.4%		69.8%	54.9%		56.3%	56.7%	
女性	10.1%	42.3%	33.3%		52.2%	47.5%		54.5%	50.8%	
検定	-	n.s.	n.s.		**	n.s.		n.s.	n.s.	
n	1,538	264	246		308	249		257	214	

注：検定はカイ二乗検定による。* p<.05，** p<.01，*** p<.001。

28

松山の変化は，非都市部へのオタク文化の流出と浸透を示していると考えられる。

　次に趣味自認として「もっとも大切な趣味」を確認すると（表 1-2），やはりアニメ・マンガ・ゲームそれぞれの大幅な増加が確認できる。アニメは 0.2% から 4.7% へと 20 倍以上，マンガは 1.2% から 5.8% へと 4 倍強，ゲームは 1.2% から 5.8% へとやはり 4 倍強の増加を示している。ゲームが杉並よりも松山でより多く選択されている点も興味深い。

　ACG 消費行動（表 1-3）は，ゲームとマンガは調査年によって質問文に変化があるため比較にやや難があるものの，まったく同じ質問をしているアニメ視聴が 10% 以上の増加を示していることから，消費についても増加傾向が確認できたといえるだろう。2005 年のゲームをのぞくすべての項目で杉並よりも松山の方が消費行動の割合が高い傾向にあるのが目を引く。

　以上の GYS 調査の結果は，「オタク自認・オタク趣味自認・オタク趣味消費

表 1-2　もっとも大切な趣味

	1990	2005		2009		2015	
		杉並	松山	杉並	松山	杉並	松山
アニメ	0.2%	1.5%	0.4%	2.4%	3.8%	4.7%	3.3%
マンガ	1.2%	2.6%	2.8%	3.1%	3.4%	5.8%	5.2%
ビデオゲーム	1.2%	5.6%	11.6%	3.5%	7.1%	5.8%	13.1%
（参考）音楽鑑賞・オーディオ	22.3%	19.9%	21.7%	14.5%	12.6%	13.2%	16.9%
n	1,538	266	249	308	250	259	214

注：1990 年の質問文は「もっとも時間を多く割く趣味」，選択肢「ビデオゲーム」は 1990 年は「ビデオゲーム（テレビゲーム，ゲームセンター）」，2005・2009 年は「ゲーム（テレビ／オンラインゲーム，ゲームセンター）」，2015 年は「テレビ・PC ゲーム・スマホアプリ・携帯機，ゲームセンターなど」。

表 1-3　ACG 消費行動

	1990	2005			2009			2015		
		杉並	松山	検定	杉並	松山	検定	杉並	松山	検定
アニメをよく見る	28.6%	28.2%	44.8%	***	38.1%	50.4%	**	42.9%	57.0%	***
マンガをよく読む	30.6%	66.9%	73.0%	n.s.	68.1%	68.4%	n.s.	55.6%	61.2%	n.s.
ゲームをよくする	20.9%	31.1%	24.4%	n.s.	43.6%	51.0%	n.s.	56.4%	67.8%	**
n	1,538	266	249		308	250		259	214	

注：検定はカイ二乗検定による。「ゲームをよくする」は，90 年は「週 1 度以上」，05 年は一日 30 分以上。「マンガをよく読む」は，90 年は「週 1 冊以上」。

はすべて大幅に増加している」,「2015年では半数以上が自分を『オタク』っぽいと考えている」,「オタク自認・オタク趣味自認には大きな地域差がないが消費は松山で多い」という3点にまとめることができるだろう。4節の地域差をみる際には,杉並（都市度最上位）と松山（都市度中位）で趣味消費の差がどのように現れているかにも注目したい。

4 | 2014年全国調査の分析

本節と次節では,青少年研究会が2014年におこなった質問紙調査である「若者の生活と意識に関するアンケート」の結果をもとにオタク趣味について分析していく。まず本節では,オタク趣味自認,オタク趣味消費を都市度と関連させながら検討する。

4-1　オタク趣味自認と地域差の検討

本項では,**仮説1**「オタク文化に関する趣味を持つかどうか（オタク趣味自認）には有意な地域差がない」を検討する。具体的には,オタク文化に関する趣味を持つ人びとの割合と,地域による分布の違いを検討したい。まず**表1-4**の「全体」をみると,マンガとアニメが約半数の若者に趣味として選択されていることが目を引く。ゲームについては,PlayStation 4やNintendo 3DSに代表される「据置機・携帯機・PC」は3割強の若者に,「スマホアプリ・ケータイゲーム」は4割強の若者に選択されており（以降それぞれ「ゲーム専用機」「スマホゲーム」と表記）,2014年ですでにスマホゲームの利用がゲーム専用機を上回っている点が注目される。[9]

次にアニメ・マンガ・ゲーム専用機・スマホゲームの選択数を足し合わせた「ACG選択数（0～4）」をみると平均1.76となっており,ACG趣味から1～2種程度を選択するというのが一般的であるようだ。[10]また音楽ジャンルの中でACG文化に関連している項目についてみてみると,アニメや声優の楽曲は3割強の若者に視聴されている一方で,初音ミクに代表される,個人や有志が主にパソコン上で作成した楽曲（東方アレンジ,VOCALOIDなど）は15%程度とそれほど普及していないようだった。[11]なお趣味の選択肢を選択率の高いものから

表 1-4　オタク趣味自認と地域差

	全体	最上位	上位	中位	下位	検定
趣味：アニメ	46.5%	43.8%	43.5%	49.6%	49.3%	n.s.
趣味：マンガ	52.1%	48.2%	52.9%	53.2%	54.3%	n.s.
趣味：ゲーム（据置機・携帯機・PC）	34.9%	30.7%	39.1%	38.1%	31.9%	n.s.
趣味：ゲーム（スマホアプリ・ケータイゲーム）	42.5%	38.7%	40.6%	45.3%	45.7%	n.s.
ACG 選択数（0〜4）	1.76	1.61	1.76	1.86	1.81	n.s.
音楽：アニメ・声優・ゲーム	34.0%	35.0%	39.0%	32.6%	31.8%	n.s.
音楽：同人音楽・ボカロ	15.6%	20.4%	12.5%	14.5%	15.9%	n.s.
（参考）趣味：音楽鑑賞	68.5%	69.3%	71.7%	72.7%	60.9%	n.s.
n	553	137	138	139	138	

注：検定は趣味・音楽選択はカイ二乗検定，ACG 選択数は F 検定による。

順に挙げると（演劇・スポーツ・ファッションなど全25種＋「その他」，詳細は注2），「音楽鑑賞」（参考のため表に掲載），「マンガ」，「映画（51.4%）」，「アニメ」，「ゲーム（スマホアプリ・ケータイゲーム）」となっており，上位5項目中3項目をACG 趣味が占めていた。個々人の消費の度合いはわからないものの，ACG が現代若者に広く親しまれていることがわかる。

　地域差についてみると，個々の趣味選択率とACG 趣味選択数について都市度最上位の地域でやや少ない傾向がみられるものの，統計的に有意な差はみられなかった。また音楽ジャンルについては同人音楽・ボカロが最上位地域でわずかに多い傾向にあるが，これも有意差は確認できなかった。したがって，「オタク文化に関する趣味を持つかどうか（オタク趣味自認）には地域差がみられない」という**仮説1**は支持されたといえる。

4-2　モノ消費の地域差の検討

　前項でオタク趣味自認には地域差がないことが確認された。それを踏まえて本項では，**仮説2**「オタク趣味のモノ消費には有意な地域差がない」を検討する。

モノ消費の地域差（マンガ）

　最初にマンガ関連項目について検討する。**表1-5** によると6割の若者が「マンガを読む」と回答していた。前項で確認したように「マンガ」の趣味自認は

表1-5　マンガ読書の傾向と地域差

	全体	最上位	上位	中位	下位	検定	n
マンガを読むか	60.7%	56.7%	53.7%	65.2%	66.9%	＋	544
単行本読書数（冊/月）	4.23	3.97	4.31	3.95	4.66	n.s.	315
雑誌読書数（冊/月）	1.38	1.24	1.80	1.08	1.47	n.s.	322
電子書籍読書数（冊/月）	0.23	0.25	0.38	0.18	0.14	n.s.	318
種類選択数（0〜12）	2.21	2.14	2.26	2.22	2.21	n.s.	325
ジャンル選択数（0〜19）	3.78	3.66	3.74	4.04	3.66	n.s.	329
マンガ消費金額（円/月）	1,638	1,650	2,267	1,151	1,507	n.s.	536
画像サイト利用（1〜4）	1.73	1.75	1.80	1.67	1.72	n.s.	541

注：＋ p<.1 検定はマンガ読書はカイ二乗検定，それ以外はF検定による。読書数・選択数はマンガ
　　読者のみに質問。単行本26冊以上，雑誌11冊以上，電子書籍6冊以上を外れ値として除外。

52.1% だったことから，「マンガを読みはするが趣味とはみなさない」という層が一定数いることが確認できる。読書傾向については，一ヶ月の読書数は単行本 4.23 冊，雑誌 1.38 冊，電子書籍 0.23 冊となっており単行本での読書が多かった。よく読むマンガの種類は平均 2.21 種類が選択されており[12]，「少年向け」(76.6%) や「青年男性向け」(46.5%) が男女ともに多く選択されていた。よく読むマンガのジャンルは平均 3.78 種類であり，選択割合の多い順に「格闘・バトル」(48.3%)，「SF・ファンタジー」(46.2%)，「恋愛・ラブコメ」(44.7%)，「ギャグ・コメディ」(43.2%)，「学園・青春」(41.9%) となっていた。1 ヶ月のマンガ消費金額は平均 1,638 円，Pixiv やニコニコ静画などインターネットの画像サイトの利用度合い（1「あてはまらない」〜4「あてはまる」）の平均は 1.73 となっていた。

地域差についてみると，マンガを読む者は都市度最上位・上位でやや少なく，中位・下位でやや多くなっているが，有意水準は 10% であり，それほど強い差とはいえない。それ以外のマンガ読書傾向については，都市度上位で多くの項目が最大となっていたが，統計的な有意差は確認できなかった。またインターネットの普及が非都市部における ACG 消費行動を改善した可能性を考慮するならば，都市度中位・下位で電子書籍や画像サイトの利用が多くなる可能性も考えられる。だが予想に反して画像サイト利用には差がなく，電子書籍はむしろ都市度最上位・上位でやや多く利用されていた（有意差なし）。日本でAmazon Kindle がサービスを開始し，楽天が電子ブックリーダー Kobo を発売

したのが 2012 年であることを考えると，調査時点ではまだ電子書籍は普及していているとは言い難い状況だったのかもしれない。

モノ消費の地域差（ゲーム）

続いてゲーム利用について検討する。まず表 1-6 の「全体」をみると，Playstation 4 や Wii U などの据え置き型ゲーム機が「家にあり，自分も利用している」と回答した者は 38.1%，Nintendo 3DS などの携帯型ゲーム機については 45.7%であった。またオンラインゲームやソーシャルゲームをプレイする者は 50.3% だった。高精細・高性能な据え置き型ゲーム機よりも遊ぶ場所を選ばない携帯ゲーム機が，そしてそれ以上に専用の機器を必要とせず多くの場合プレイ自体も無料であるソーシャルゲームが，現代若者には多く遊ばれているようだ。また前項でみた趣味自認はゲーム専用機が 34.9%，スマホゲームが 42.5% であったことから，マンガと同様に「ゲームをプレイするが趣味とはみなさない」という層が一定数いるようであった。

地域差に関しては，ゲーム専用機が都市度上位でやや多く選択され，オンラインゲーム・ソーシャルゲームが都市度中位でやや多く選択される傾向があるものの，マンガ消費と同様に統計的な差は確認できなかった。

以上のモノ消費についてまとめると，マンガ消費とゲーム消費において地域差は確認できなかった。これは**仮説 2**「オタク趣味のモノ消費には有意な地域差がない」を支持する結果といえる。また先行研究にみられる趣味自認と趣味消費の差は今回の分析でも確認できた。したがって今回の分析はある程度の信頼性が確保できたといえるだろう。

ただし，アニメ消費については質問項目を設定していないため検討できなかった。また ACG 趣味だけがオタク趣味であるわけではなく，他にも「オタク

表 1-6　ゲーム利用の傾向と地域差

	全体	最上位	上位	中位	下位	検定	n
据置ゲーム機利用	38.1%	36.5%	43.5%	36.0%	36.5%	n.s.	551
携帯ゲーム機利用	45.7%	43.1%	48.6%	44.6%	46.7%	n.s.	551
オンラインゲーム・ソーシャルゲームプレイ	50.3%	49.3%	49.3%	55.5%	47.1%	n.s.	551

注：検定はカイ二乗検定による。

的」とみなされる趣味は多くあるが（鉄道，模型，オーディオ，アイドルなど），そ
れらについても今回は検討していない。[13] あくまで推測にとどまるが，模型やオ
ーディオなどモノ消費が主軸であるような趣味に関しては地域差が出にくいも
のと思われる。

4-3　コト消費の地域差の検討

　前項のモノ消費に続き，本項では**仮説3**「オタク趣味のコト消費には有意な
地域差がない」を検討する。具体的には，回答者がオタクかそうでないかによ
って，音楽のコト消費としてしばしば言及されるコンサート・ライブ参加（5
章も参照），および音楽家と交流する握手会・サイン会への参加，また聖地巡礼
と関連するものとして趣味：旅行の3点に地域差があるかどうかを検討する。

　分析に先立って，ここでは回答者から「オタク」を取り出すための変数を作
成する。これについては3節でみたような「自分をオタクだと思うか」（オタク
自認）といった質問がまず思いつくが，これはあまり適切とはいえない。なぜ
なら北田も指摘するように，近年の若者はオタク自認を「『何かに熱中する』
ぐらいの弱い意味において捉えている調査協力者が多いと考えられる」（北田
2017: 270）からだ。したがってオタク自認はその人が実際にオタクであるかど
うかを必ずしも示していない可能性がある。またオタク趣味自認についても，
オタク自認の急激な増加にともなって趣味を「とりあえずマンガ」のように回
答するケースが一定数存在すると予想されるため，それだけではオタクを判別
する尺度としては十分ではない。さらに前項でみたように，趣味自認と趣味消
費は大きく重なってはいるものの必ずしも一致していないため，オタク趣味消
費のみを尺度として採用することも適切とはいえない。したがって本章では，
オタク趣味自認とオタク趣味消費を組み合わせて「オタク尺度」を作成し，そ
れをもとにオタク／非オタクを判別するための「オタク変数」を作成する。

　以上より，本章での操作的な「オタク」の定義は次のとおりである。ACG
趣味選択（マンガ・アニメ・ゲーム専用機・ゲームスマホ・音楽アニメ・音楽同人ボカロ
の趣味自認）と ACG 趣味消費（マンガ読書・画像サイト利用・携帯ゲーム機利用・据置
ゲーム機利用・ソーシャルゲームプレイ）を合計したものを「オタク尺度」（0～15点，
クロンバックの α =.814）とし，それを5層にビン分割したうえで上位2群を「オ

タク」，下位3群を「非オタク」とした。以降はこの「オタク変数」を分析に使用する。

コト消費の地域差について

まず**表1-7**の「全体」でオタクと非オタクを比較すると，「コンサート・ライブ参加」と「趣味：旅行」は非オタクによる選択が多く，特に「趣味：旅行」は2倍近い差がみられた。一方で握手会・サイン会では差がなかった。都市度による違いをみると，オタク同士の比較については有意な地域差がみられなかった。一方で都市度ごとにオタクと非オタクの差に注目すると，コンサート・ライブ参加については都市度中位の，握手会・サイン会参加は都市度最上位の，旅行については下位以外のオタクが，非オタクよりも消極的であるようだった。

以上の結果から，オタクは有名人と一対一で交流するようなイベントには非オタクと同程度に参加するものの，ライブのように大人数で一体感を得るイベントへの親和性はやや低いと考えられる。またオタクはそうでない人びとよりも明らかに旅行に消極的であり，近年注目を集めている「聖地巡礼」をおこな[14]うようなオタクはオタク全体の一部に留まるように思われる。全体として，大多数のオタクはコト消費をあまりせず，モノ消費のみをおこなっていると考えられる[15]。したがって**仮説3**「オタク趣味のコト消費には有意な地域差がない」

表1-7　コト消費の傾向と地域差

		全体	最上位	上位	中位	下位	検定	n
コンサート・ライブ参加	オタク	1.82	1.80	1.94	1.75	1.80	n.s.	195
（1〜4）	非オタク	1.99	2.10	1.95	2.16	1.73	n.s.	324
検定		+	n.s.	n.s.	*	n.s.		
握手会・サイン会参加	オタク	1.33	1.19	1.43	1.37	1.33	n.s.	195
（1〜4）	非オタク	1.31	1.38	1.31	1.28	1.27	n.s.	324
検定		n.s.	+	n.s.	n.s.	n.s.		
趣味：旅行	オタク	21.3%	20.8%	16.3%	23.5%	24.5%	n.s.	197
	非オタク	40.3%	48.8%	35.8%	45.8%	30.4%	n.s.	325
検定		***	**	*	*	n.s.		

注：コンサート・ライブ参加と握手会・サイン会参加への回答は「1まったくしない〜4よくする」。検定
　　はコンサート・握手会はF検定，旅行はカイ二乗検定による。

も支持されたといえる。

5　意識・行動項目の地域差の検討

　次に，**仮説 4**「オタクや ACG 趣味に対する意識や向き合い方には有意な地域差がある」と**仮説 5**「オタクであることは自己肯定感や孤独耐性に影響を与える」を検討する。具体的にはオタク趣味に関連する意識・行動項目がオタク／非オタクでどう異なるのかをみた上で，地域差を検討する。そののち，オタクであることが自己肯定感や孤独感に影響するかどうかを，都市度を考慮に入れた上で分析する。

5-1　オタクや ACG 趣味に関連する意識や向き合い方の地域差
　まず**表 1-8** の「全体」でオタクと非オタクの差をみると，ほぼすべての項目でオタクの方が割合・数値が高かった。とくに ACG キャラクターに恋愛感情や思い入れを持った経験の有無では顕著な差があった。そうした実在しないキャラクターを実在の人物と同等にみなし恋愛感情や思い入れを持つことができるかどうかがオタクとそうでない人びとを分ける要素なのかもしれない。[16) なお, 調査手法や対象が異なるため直接の比較はできないが，青少年研究会が 2002 年に実施した調査では「ゲームの登場人物に思い入れを持った経験」の選択割合は 10% であり，[17) 今回の調査では 20.9% だったことから，12 年の間にキャラクターに思い入れを持つ人びとは増加したとみて良いように思われる。一方，「成人してもマンガを読む人はオタクだと思う」という意見はオタク／非オタクのどちらにもほとんど支持されておらず，有意な差がみられなかった。したがって大人がマンガを読むこと自体はオタク的な行動とはみなされていないようだ。
　つづいて都市度によるオタクどうしの差を見ると，恋愛マンガの影響を受けた人やキャラクターに恋愛感情を持った経験が都市度下位でやや多くなっているものの，統計的に有意な差は確認できなかった。しかし都市度ごとにオタク／非オタクの差をみてみると，いくつか興味深い差が確認できる。ひとつめは「成人してもマンガを読む人はオタク」が都市度最上位でのみ非オタクに有意

表1-8　オタク趣味に関連する意識・行動項目の傾向と地域差

		全体	最上位	上位	中位	下位	検定	n
流行のマンガをチェックする	オタク	2.03	1.92	2.14	2.06	1.98	n.s.	196
（1〜4）	非オタク	1.47	1.54	1.40	1.52	1.44	n.s.	325
検定		***	*	***	***	**		
好きなマンガは知り合いに	オタク	2.85	2.58	2.96	3.00	2.84	n.s.	197
すすめたい（1〜4）	非オタク	2.16	2.23	2.16	2.11	2.15	n.s.	325
検定		***	+	***	***	***		
生き方に影響を与えたマンガが	オタク	2.44	2.19	2.40	2.65	2.51	n.s.	196
ある（1〜4）	非オタク	1.85	1.80	1.83	1.87	1.91	n.s.	324
検定		***	*	**	***	**		
成人してもマンガを読む人は	オタク	1.43	1.35	1.58	1.27	1.51	n.s.	196
オタク（1〜4）	非オタク	1.45	1.60	1.42	1.42	1.37	n.s.	325
検定		n.s.	*	n.s.	n.s.	n.s.		
恋愛マンガの価値観や行動が	オタク	18.8%	15.2%	13.0%	19.6%	26.5%	n.s.	192
自分の恋愛に影響	非オタク	9.8%	7.8%	6.2%	13.8%	11.7%	n.s.	315
検定		**	n.s.	n.s.	n.s.	*		
アニメやコミック，ゲームの	オタク	32.8%	34.8%	30.4%	23.5%	42.9%	n.s.	192
登場人物に恋する経験	非オタク	7.3%	6.5%	7.4%	5.0%	10.4%	n.s.	315
検定		***	***	**	**	***		
ゲームの登場人物に思い入れを	オタク	43.1%	48.9%	43.8%	39.2%	40.8%	n.s.	195
持った経験	非オタク	8.1%	5.1%	11.3%	8.5%	7.6%	n.s.	320
検定		***	***	***	***	***		

注：検定はF検定による。

に多いことである。1990年代まではオタクに対して「いい年して子供番組（＝アニメ，引用者注）なんか見ている」「大人になりきれない精神年齢の低い人間」（岡田 1996=2008: 55-56）という否定的なイメージが広く共有されていたが，松谷によれば21世紀以降そうしたイメージは「ひきこもり」や「非モテ」へと継承されていったという（松谷 2008: 133）。この質問はそうしたオタクに対する否定的な意識を問うために設定されているが，この分析結果は都市度最上位で非オタクによるオタクに対する否定的な視線が残存している可能性を示しているように思われる。そして2つめは「恋愛マンガが自分の恋愛に影響している」が都市度下位でのみオタクに有意に多いことである。同様に都市度下位のオタ

クは「ACG のキャラクターへ恋愛感情を持った経験」も極めて高く，現実・非現実を問わず恋愛に強く惹きつけられているように思われる。とはいえ 2 節で確認したとおり都市度が恋愛経験に与える影響はごく一部にとどまるため，この点についてはさらなる分析が必要になるだろう。そうしたオタク／非オタクの差異はさておき，少なくとも地域間比較においては**仮説 4**「オタクや ACG 趣味に対する意識や向き合い方には有意な地域差がある」は否定されたといえるだろう。

5-2 孤独耐性と自己肯定感を従属変数とした重回帰分析

　ここでは前項の結果を踏まえつつ，**仮説 5**「オタクであることは自己肯定感や孤独耐性に影響を与える」を検討する。前項でも触れたとおり，かつて「オタク」の語は強い否定的イメージを伴っていた。1989 年に起きた連続幼女誘拐殺人事件の犯人がホラー映画やアニメ・マンガを趣味としていたことから，ACG 趣味を持つ人びとが一様に異常者であるかのようなマスコミ報道がなされた。そうした社会的抑圧に悩まされた当時のオタクたちは「自分たちがオタクであることを，なるべく公言しないように」なったが（原田 2015: 80），こうした意識は今も残存しているだろうか。この点を，牧野が「ACG 趣味仮説」で分析した自己肯定感と，孤独に対する打たれ強さ（孤独耐性）の 2 項目を用いて検討する。具体的には重回帰分析という分析手法を用いて分析をおこなう。これは複数の変数が互いに影響しあいながらひとつの変数に対して関係している様子を明らかにすることのできる分析手法であり，たとえば性別や学歴などの基礎的な要素の影響を除外して，オタク関連項目や都市度がどのように生きづらさに影響しているかを検討することができる。分析に用いた変数のうち「オタク共時行動」は，親友や友人，もしくは知人とゲームで協力プレイをしたり，マンガについて話をしたりする場合に大きい値を取る合成変数である。

　では分析結果をみてみよう（**表 1-9**）。印のついている変数が統計的に有意な変数であり，β の値が $-1 \sim +1$ の範囲で関連の強さを表している。正の値を取る変数は孤独耐性や自己肯定感と正の関連を示しており，たとえばオタク尺度は孤独耐性に対して 0.285 とやや大きい正の値をとっているため「オタク尺度が大きいほど孤独耐性が高い」と解釈できる。同様に，男性のほうが，正規

表1-9 孤独耐性と自己肯定感を従属変数とした重回帰分析

	孤独耐性				自己肯定感			
	B	s.e.	β		B	s.e.	β	
定数	2.858	.337		***	1.744	.276		***
DID人口比率	-.001	.001	-.047		.003	.001	.145	**
年齢	.003	.012	.015		.009	.010	.053	
女性ダミー	-.258	.089	-.152	**	.049	.073	.036	
大卒ダミー	.073	.109	.037		.064	.089	.041	
正規雇用ダミー	.190	.103	.102	+	.110	.084	.073	
親友数	.023	.025	.048		.039	.021	.102	+
友人数	.002	.006	.016		.000	.005	.002	
知人数	.001	.001	.035		.001	.001	.059	
オタク尺度	.059	.013	.285	***	-.025	.011	-.151	*
オタク共時行動	-.094	.038	-.150	*	.018	.031	.036	
流行のマンガをチェック	-.149	.054	-.152	**	.068	.044	.086	
生き方に影響を与えたマンガ	-.072	.046	-.087		.094	.038	.143	*
ACGキャラクターに恋愛感情	.109	.125	.048		-.107	.102	-.059	
恋愛マンガの価値観が影響	-.294	.134	-.118	*	-.301	.109	-.150	**
調整済み R^2		.102***				.084***		
n		377				375		

注：孤独耐性は「ふだんの生活の中で，ひとりでいると孤独を感じることがどれくらいありますか。」，選択肢は「1よくある」～「4まったくない」。自己肯定感は「あなたは今の自分が好きですか。それとも嫌いですか。」，選択肢は「1大嫌い」～「4大好き」。親友10人以上，友人50人以上，知人200人以上を外れ値として除外した。

雇用のほうが，オタク共時行動を取らないほうが，流行のマンガをチェックしないほうが，恋愛マンガの価値観が影響しないほうが，孤独耐性が高い。言い換えると，安定した職業に就き，オタク趣味に深くのめり込み，オタク仲間とつるまない男性のオタクが，もっとも孤独に強いといえる。また親友・友人・知人の数はどれも孤独耐性に影響しているとはいえないことから，友人の人数が多いことは孤独耐性に影響しないことも分かる。七邊（2005）はオタクイベントでの参与観察から，オタクの自閉的な趣味活動が「友人関係に依存しない態度」「友人関係へ強迫的に執着しない態度」を生み出すとしているが，孤独耐性とオタク項目との関連をみる限り，そうした仮説は量的データによっても支持されたといえるだろう。

　つづいて自己肯定感の分析結果をみると，ここではオタク尺度が先の孤独耐性とは異なり負の効果を持っており，オタク趣味にのめり込むほど自己肯定感

が低くなっていた。同様に「恋愛マンガの価値観が影響」も負の効果がみられた。逆に都市度，親友の数，「生き方に影響を与えたマンガがある」は正の効果をもっており，これらは自己肯定感を高める傾向がある。したがって都市に居住し，親友が多く，マンガに影響を受けはするもののオタク趣味に深くのめり込まず，また恋愛マンガと現実の恋愛を分けて考えることができる人が，もっとも自己肯定感が高くなるといえるだろう。

したがって**仮説5**「オタクであることは自己肯定感や孤独耐性に影響を与える」は支持されたといえる。

6 オタクの一般化・遍在化と，新たなオタクの登場

本章で検討してきたオタクの地域差について，ここで改めてまとめ，解釈を加えておきたい。

まず1990年から2015年への時代変化については，オタクを自認する若者の増加，ACG趣味をもつ若者の増加，また実際にACG消費をおこなう若者の増加が確認された。また杉並と松山を比較すると，オタク自認については2009年まで杉並の方が多かったが2015年に差が解消していた。一方で趣味消費に関してはほぼ一貫して松山の方が多い傾向がみられた。このことは，ACG趣味を持つかどうかと自分をオタクとみなすかどうかは必ずしも一致していないことと，オタクらしさが時期や地域によって変化していることを示唆しているように思われる。

次に2014年調査の結果をみてみると，ACG趣味は極めて多くの若者に選択されており，もはや一般的な趣味だといえる。ただしその中でもゲームに関しては従来の専用機よりも，場所を選ばず消費金額も少ないスマホゲームが支持されていた。近年注目されることの多い「コト消費」については，コミックマーケットやアニソンライブなどのオタク向けイベント，あるいは聖地巡礼などを楽しむオタクはオタク全体からすると一部に留まっているようだった。地域差については，ACG趣味自認と消費行動には地域差がみられず（**仮説1～3**），またオタクやACG趣味に対する意識などにも地域差はみられなかった（**仮説4**）。したがってオタクは大都市に集中しているのではなく，日本全国に広く

存在しているといえるだろう。

　オタクの生きづらさについてみると，オタク尺度が高い若者は孤独耐性が高いが自己肯定感は低かった（牧野「ACG 趣味仮説」と一致）。またオタク趣味を友人と共有する若者は孤独耐性が低く，マンガの恋愛を現実の恋愛に応用する場合は孤独耐性と自己肯定感がともに低くなるという結果が得られた（仮説 5）。ここから現在のオタクには，ACG コンテンツをひとりで消費し，孤独耐性は高いが自己肯定感は低い（従来型の）オタク＝「消費優先型オタク」と，流行のACG コンテンツを友人と共有しつつ恋愛にも活用する，自己肯定感は高いが孤独耐性は低い（新しい）オタク＝「共有優先型オタク」の二種類が存在する可能性が考えられる。

　オタクは明らかに増加しているが，その全てがかつてのような「一般的な評価を得られない趣味に並外れた集中をみせる人びと」としてのオタクとはいえない。濱野智史は従来よりもカジュアルに ACG を消費し，友人関係をコントロールするためにそうしたメディアを活用する「ライトオタク」（濱野 2012）の存在を報告しているが，2014 年調査時点ではそれら二種類のオタクが混在しているように思われる。そしておそらく後者のオタクはコミュニケーションに重きをおいたコンテンツ消費をするため，大都市に居住していなくても十分に満足な趣味活動ができるだろう。たとえば最新のアニメを動画配信で視聴し，地方都市のアニメショップやネット通販で入手できるグッズを購入し，友人とソーシャルゲームをプレイするといったように。しかし前者のオタクは，通信販売では入手できない少部数の同人誌や店舗限定のグッズを消費したいと願うかもしれない。そうした「尖った」（熊代 2014）ニーズは大都市でなければ充足し得ないため，もし彼らが非都市にいたならば，かつてのオタクたちと同様に都市を夢見ているのかもしれない。

　今回は，量的データとして統計的検定が可能な人びと，すなわちある程度の人数が確保できるような人びとを「オタク」とみなして分析をおこなったため，ACG 以外の趣味についての検討や ACG オタク内部の消費の違いについて十分な分析を加えることができていない。これらについては質的調査によるさらなる検討が必要であり，今後の課題としておく。

■ 注 ───

1 ）非都市在住のオタクがオタクイベントに合わせて上京し，各地の専門店を巡ってオタクコンテ
　　ンツをまとめ買いする様子については森川（2003: 63）などを参照。

2 ）本書「はしがき」の注記を参照。また，調査の概要詳細・調査票・調査結果単純集計について
　　は青少年研究会ホームページ，および報告書を参照されたい（http://jysg.jp/research.html）。

3 ）岡本は「アニメやゲーム，マンガ等，オタク系文化のコンテンツ作品の背景として描かれた場
　　所を訪ねる行為」を「アニメ聖地巡礼」と呼んでいる（岡本 2018: 75）。該当する行為自体は
　　1990 年代前半からおこなわれており，それが「聖地巡礼」としてメディアに取り上げられる
　　ようになったのは 2000 年代後半以降だという。

4 ）くり返し巡礼するリピーターの存在や，ニュースなどを見て興味本位で訪れる人の存在を考慮
　　に入れると，実際の「巡礼者」の人数はもっと少ないと予想される。

5 ）コミックマーケットの参加者を 55 万人，そのうち会場近郊の東京・神奈川・千葉・埼玉の南
　　関東に居住する参加者を 62％（サークル参加者への調査，コミックマーケット準備会編 2015:
　　325）とすると，南関東に居住するコミケ参加者は 35 万人と推定される。一方，2015 年の南
　　関東の人口は総人口の 28.4％（総人口 1 億 2709 万人中 3613 万人，総務省統計局 2016）であ
　　り，矢野経済研究所が 2016 年におこなった調査では「推定オタク人口」が 1,657 万人とされ
　　ている（矢野経済研究所 2016）。オタクの分布に地域差がないと仮定すると南関東のオタク人
　　口は 470 万人であり，そのうちコミケに参加しているのは 7.4％ ということになる。きわめて
　　大雑把な試算ではあるものの，コト消費をするオタクがオタク全体の一部にとどまる可能性の
　　傍証にはなるだろう。

6 ）北田は量的調査で「オタク」を測る尺度として ACG を選択する理由について，「アニメ，マ
　　ンガ，ゲームなどとの親和性が『オタク』の定義としてイメージされることが多いので──
　　──当然のことながら概念分析的にみればオタクの一側面でしかないが──さしあたってオタ
　　ク度をそうしたコンテンツへの親和性によって測定することにする」と記している（北田
　　2017: 269）。

7 ）1990 年調査は宮台真司を中心とするグループにより関東 7 都県，関西 7 府県の大学 4 年生を
　　対象におこなわれたもので，対象数は 10,429 人，有効回答数は 1,548 人（14.8％）。詳細は宮
　　台ほか（1992）を参照。2005 年・2009 年調査は松山大学人文学部社会調査室によるもので，
　　調査対象は東京都杉並区と愛媛県松山市に在住する 20 歳それぞれ 1,000 人，有効回答数は
　　2005 年調査が杉並区 266 人（26.6％），松山市 249 人（24.9％），2009 年調査は杉並区 308 人
　　（30.8％），松山市 250 人（25.0％）。詳細は松山大学社会調査室（2006, 2010）を参照。2015 年
　　調査はグローバル若者文化研究会によるもので，調査対象は 2005・2009 年調査に同じ，有効
　　回答数は杉並区 259 人（25.9％），松山市 214 人（21.4％）。詳細は松田（2017），辻・大倉・
　　野村（2017）を参照。

8 ）2009 年杉並の男性が 7 割近くと突出して多いことに関しては，2000 年代中後半の東京・秋葉
　　原を中心としたオタクブームが影響していると考えられる。そののち 2015 年では松山と同水
　　準に落ち着いていることから，この増加は一過性の現象だったと推測される。

9 ）なお調査時点の 2014 年にプレイされていた代表的なスマホゲームは「パズルアンドドラゴン
　　ズ」「モンスターストライク」「ディズニーツムツム」など。

10）ACG 趣味をひとつ以上選択している人の割合は全体の 72.3％，2 つ以上選択している人は
　　53.4％だった。

11）音楽・映像レンタルチェーン「TSUTAYA」が同人音楽の CD レンタルを開始したのが 2015 年
　　10 月であることから，調査時点では知名度はそれほど高くなかったものと推測される（ドワ

ンゴ 2015）。

12）マンガの「種類」はマンガの対象となる性別・年齢層を少年向けや成人女性向けなど 12 種類に分類したもの，「ジャンル」はマンガを内容によって旅行・スポーツ・ミステリーなど 19 種類に分類したもの。

13）4 節で検討した GYS 調査では鉄道と模型についても趣味自認を尋ねているが，それぞれ 1.2％，3.1％（どちらも杉並）と少なく統計分析に使用できるほどの回答を得られなかったことを付記しておく（松田 2017: 39）。

14）旅行に当てはまらないような，本人の生活圏に近い範囲での「巡礼」はこの項目には現れないだろう。たとえば流行語大賞に「聖地巡礼」がランクインした 2016 年にヒットしたアニメ映画「君の名は。」および特撮映画「シン・ゴジラ」に登場する舞台の多くは東京都内に存在していた。したがって東京近郊に住む人びとが両作品の聖地巡礼をおこなった場合，多くは「日帰り巡礼」とでも呼ぶべき近距離の移動にとどまっていたと思われる。また本調査が実施されたのは 2014 年であり，現在ほど聖地巡礼が知名度を得ていなかっただろうことも合わせて考えるべきだろう。

15）もちろんたとえば先述の「趣味：鉄道」であれば電車に乗ったり写真を取ったりすることが主たる消費行動になるため，旅行選択との関係が想像される。今回の分析はあくまで ACG 趣味を中心におこなっていることに留意されたい。

16）繰り返しの指摘になるが，ACG の他にも「オタク的」とされる趣味が多数存在することをふまえたうえで，本章では ACG 趣味を持つオタクに限定して議論していることに注意されたい。なお斎藤環は「端的で下世話な表現をするなら，アニメキャラで『抜く（自慰行為を指す，引用者注）』ことができるか否か，それがおたく－非おたくのひとつの分岐点ではないだろうか」（斎藤 2000=2006: 62）と述べており，やはりオタクであることと ACG キャラクターへの深い愛着の関連を重視している。

17）調査対象は東京都杉並区と兵庫県灘区・東灘区の 16～29 歳の男女，訪問留置法での調査。詳細は岩田・羽渕・菊池・苫米地編（2006: vii）を参照。

📑 参考文献

デューク東条（2009）「田舎オタ残酷物語」Logical Product『Logical Product vol.19』14-19.

ドワンゴ（2015）「TSUTAYA で展開中の『同人 CD レンタル』 対象店舗を拡大し全国でレンタル可能に　クリエイターの創作活動支援へ」ドワンゴ（http://dwango.co.jp/pi/ns/2015/1021/index.html）2018 年 12 月 15 日取得.

藤田高弘（2004）「ワークショップ・8 小さな巨大メディア——コミック同人誌の現在（2）」『マス・コミュニケーション研究』64: 204-205.

濱野智史（2012）「デジタルネイティブ世代の情報行動・コミュニケーション」小谷敏・土井隆義・芳賀学・浅野智彦編『若者の現在 文化』日本図書センター，63-106.

原田曜平（2015）『新・オタク経済—— 3 兆円市場の地殻大変動』朝日新聞出版.

七邊信重（2005）「『純粋な関係性』と『自閉』」『ソシオロゴス』29: 232-249.

岩田考・羽渕一代・菊池裕生・苫米地伸編（2006）『若者たちのコミュニケーション・サバイバル——親密さのゆくえ』恒星社厚生閣.

木村絵里子（2016）「若年層の恋愛行動における都市度の効果」青少年研究会編『「若者の生活と意識に関する全国調査 2014」報告書』63-76.

北田暁大（2017）「動物たちの楽園と妄想の共同体——オタク文化受容様式とジェンダー」北田暁大＋解体研編『社会にとって趣味とは何か——文化社会学の方法規準』河出書房新社，261-

313.

コミックマーケット準備会編（2015）『コミックマーケット 40 周年史』有限会社コミケット.

熊代亨（2014）『融解するオタク・サブカル・ヤンキー――ファスト風土適応論』花伝社.

牧野智和（2016）「自己を肯定する資源の位相」青少年研究会編『「若者の生活と意識に関する全国
調査 2014」報告書』77-90.

松谷創一郎（2008）「〈オタク問題〉の四半世紀――〈オタク〉はどのように〈問題視〉されてきた
のか」羽渕一代編『どこか〈問題化〉される若者たち』恒星社厚生閣, 113-140.

松田美佐（2017）「若者のコミュニケーション・メディア利用の地域差／性差」『紀要社会学・社会
情報学』27（268）: 29-62.

松山大学社会調査室（2006）『若者の生活と文化――愛媛県松山市, 東京都杉並区二地点比較調査』.

―――（2010）『若者の生活と文化――愛媛県松山市, 東京都杉並区二地点比較調査』.

宮台真司ほか（1992）『高度技術社会における若者の対人関係の変容』平成 3 年度科学研究費補助
金：重点領域研究『高度技術社会のパースペクティブ』研究成果報告書.

森川嘉一郎（2003）『趣都の誕生――萌える都市アキハバラ』幻冬舎.

NIKKEI STYLE（2016）「音楽フェス動員力　ビジュアル系参入, アニソンも台頭」NIKKEI STYLE
（https://style.nikkei.com/article/DGXMZO09499170U6A111C1000000）2018 年 5 月 9 日取得.

岡田斗司夫（1996=2008）『オタク学入門』新潮社〔新潮文庫〕.

岡本健（2018）『アニメ聖地巡礼の観光社会学――コンテンツツーリズムのメディア・コミュニケ
ーション分析』法律文化社.

岡澤康浩・團康晃（2017）「読者たちの『ディスタンクシオン』――小説を読むこととそれが趣味
であることの差異をめぐって」北田暁大＋解体研編『社会にとって趣味とは何か――文化社会
学の方法規準』河出書房新社, 131-158.

Pew Research Center（2015）Gaming and Gamers（http://www.pewinternet.org/2015/12/15/
gaming-and-gamers/）2018 年 10 月 21 日取得.

斎藤環（2000=2006）『戦闘美少女の精神分析』筑摩書房〔ちくま文庫〕.

総務省統計局（2016）『平成 27 年国勢調査　人口等基本集計結果　結果の概要』（https://www.
stat.go.jp/data/kokusei/2015/kekka/kihon1/pdf/gaiyou1.pdf）2019 年 2 月 10 日取得.

辻泉・大倉韻・野村勇人（2017）「若者文化は 25 年間でどう変わったか――『遠隔＝社会, 対人性,
個人性』三領域の視点からの『計量的モノグラフ』――」『紀要社会学・社会情報学』27
（268）: 107-138.

矢野経済研究所（2016）「2016 クールジャパンマーケット／オタク市場の徹底研究」（https://
www.yano.co.jp/market_reports/C58112000）2019 年 2 月 10 日取得.

Gathering 文化から Sharing 文化へ
——渋谷センター街のギャル・ギャル男トライブの変遷

荒井悠介

1　はじめに

「もう一張羅でくるところじゃないね」と，アキがつぶやいた。

2018 年 6 月 1 日，金曜夜の渋谷センター街は，外国人観光客や「普通」の外見の若者，そして若者とは言い難い年齢層の仕事帰りのサラリーマンで溢れている。

筆者　えっ，そうだった？

アキ　あたりまえじゃん，「ツヨメ」[1]じゃなくっちゃってあったからね

筆者　今はやっぱ違うかな？

アキ　違うでしょ（笑）　じゃなかったら，こんな格好[2]で歩けないよ（笑）

筆者　アキちゃんが意識していたのって，サークル？　街？　どっちだった？

アキ　街全体だね，サークルやセンター（街）は仲間と会うって感じ，渋谷自体がそういう街だった。渋谷にいる子も可愛い子多かったし，マルキュー（SHIBUYA109）も可愛い子だらけだった

　アキは，2000～2001 年に渋谷でサークル活動をしていた元「ヤマンバギャル」[3]の女性である。彼女はギャル系ファッション誌でよく取り上げられ，SHIBUYA109 が主催したファッションイベントでもモデルを務めたことがある。その当時と現在では，渋谷のセンター街にいる若者の層は随分変わった。かつて，ヤマンバ姿の高校生ギャルサーのメンバーたちが「たむろ」（メンバー

で集まってたまること）していた旧ロッテリアの前では，少しだけ髪を明るく染めた女の子や，黒髪に赤いリップという，よく見かける女子大学生ファッションの女の子たちが10人ほどで仲良く写真を撮っている。

　　筆者　昔あんなに普通っぽい子は（センター街には）いなかったな

　　アキ　避けてたでしょ，昔，普通の人は。そこら中にギャルやギャル男がたまってて

　　筆者　そうだね，全然見なかった

　　アキ　昔だったら，（私たちも）年（年齢）的にもおじさんおばさんだよ（笑）。（センター街に）入りづらいでしょ（笑）。今，全然アキたちより（年齢が）上に見える人沢山いるけど

　センター街の入り口近くには，筆者自身が所属していたグループがたむろしていた旧 KAWANO のショーウィンドウ前が見えてくる。ギャルやギャル男が好んで使っていたシャネルやルイ・ヴィトンなどの高級ブランド品を扱っていた KAWANO も今では，インバウンド観光客向けの店に代わっており，シ

写真 2-1　センター街にたむろするサー人（2009 年夏）
注：写真の人物へのインタビュー内容は本章から除外してある。

46

ョーウィンドウ前には誰もおらず，ただ道行く人びとが通り過ぎるだけである。

　先のアキと筆者の会話が示しているように渋谷のセンター街は，ここ十数年で大きく様変わりした。では，かつての若者たちにとって，渋谷とはいかなる場所であったのだろうか。渋谷のイベントサークル活動や，そのなかで共有されていた価値観や行動原理を明らかにしながら，渋谷という街の変化について考察することが本章の目的である。

2 　先行研究と研究手法

　本節では，過去の渋谷の状況と，先行研究において渋谷がどのように捉えられてきたのかを確認したい。

2-1　渋谷に集う若者
　1990 年代中頃から 00 年代後半までの渋谷では，「ギャル・ギャル男系」[4] 若者文化が花開いていた。ギャル・ギャル男系のファッション雑誌で特集されたギャル・ギャル男のイメージ，SHIBUYA109 が発信するファッション，[5] PYRON，FURA，ATOM などのクラブ，センター街にたむろする若者たちの最先端の文化と流行などのように，渋谷という街自体が，ギャル・ギャル男系若者文化の象徴としての価値を持っており，それに憧れた若者たちが全国から集まってきていた。

　ギャル・ギャル男系文化が隆盛するなか，90 年代半ばより，当時「チーマー」と呼ばれていた若者の後継集団として「イベサー」（イベントサークルの略称）と呼称される集団が生まれ，渋谷のセンター街にたむろするようになった。00 年代初頭には，渋谷だけで 300 以上のサークルが乱立し，3000 人あまりの若者がこの集団に属していた。彼らが，本章の研究対象となる若者たちである。本章では，ギャル・ギャル男という若者のトライブ[6]としての「イベサー（またはサークル）」，およびそのメンバーたちを対象に，90 年代から 10 年代における変化をみていきたい。

2-2 渋谷と若者に関する議論

　本章では，渋谷という場所と，その場所にたむろするギャル・ギャル男の若者の文化について論じていくが，まず最初に，これまで渋谷という場所は訪れる若者にとってどのような存在であったと論じられてきたのかを確認する。吉見俊哉（［1987］2008）は，70年代後半から80年代の渋谷が，西武資本系のパルコによって演出された公園通りを中心として，若者のファッションの街として，「現代的（ナウ）」な役柄を「見る・見られる」（＝演じる）場として機能していたと論じている。

　これに対して北田暁大（2002）は渋谷の「脱舞台化」を指摘する。2002年当時の渋谷は，その固有名がもたらすイメージによって人びとを引き寄せる舞台としてではなく，情報量・ショップの多さと数量的な相対的価値によって評価される「情報アーカイブ」として機能しているという。渋谷は，かつてそこを訪れる若者を牽引するサブカルチャーの儀礼空間，空間的象徴として位置づけられていたが，90年代末ごろよりメディアで喧伝された「プチ渋谷」と呼ばれる郊外の中規模都市の台頭とともに，以前のように若者たちを引っ張りだすだけのアウラを持ち合わせなくなっている（北田 2002: 124-127）。そして，「〈ポスト八〇年代〉のシブヤ系たち」は，渋谷という都市の意味やイメージといった象徴的価値に魅かれて来訪するのではなく，単純にただ「便利だから」そこを訪れるのだという（北田 2002: 169）。

　では，実際に渋谷にいた若者たちはこの街をどのように捉えていたのだろうか。ギャル・ギャル男系文化を扱った研究を見ていきたい。ギャル・ギャル男系文化につらなる研究としては，まず，難波功士（2007）の研究が存在する。難波は，戦後の「族」と呼ばれる若者文化の変遷を丹念な文献調査からその歴史的な経緯を辿っており，本章で扱うギャル・ギャル男系の若者へとつながる，90年代のコギャルやチーマーをその系譜に位置付けている。また，松谷創一郎（2012）は，ギャルと「不思議ちゃん」という2つの相反する軸をもとに，80年代以降の30年あまりの若い女性を取り巻く歴史を描き出している。これらは，二次資料を中心に扱った研究である。一方，宮台真司（［1994］2006）は，90年代初頭の援助交際をおこなう女子高校生，コギャルと呼ばれた若者などを対象とした，インタビューやフィールドワーク調査により，彼らの行動を学

48

校化した社会および学校的空間からの逃避と意味づける。だが，宮台の研究では，センター街にたむろする若者の集団に関しては，詳しい考察から外されている。

　以上のように，90年代後半以降，渋谷に集う若者たちに対する主観的な意味づけをフィールドワークやインタビューをもとに明らかにしようとした研究は，十分におこなわれてこなかったと言える。このような課題に対し，本章では，渋谷の若者たちの実態と意識の変化を長期に渡るフィールドワークを通じて検証しながら，街との関わりについて考察していく。

　筆者は，渋谷センター街というストリートを拠点とするトライブおよびイベサーに対し，2001年より3年間当事者として関わった後，2003年末から2019年までの約16年間，参与観察とインタビュー調査を中心とするフィールドワークを実施してきた（荒井 2009, 2017, 2019）。「当該文化のなかで生まれ育ったネイティヴ自身が筆をとり，集団の内部者としての立場をふまえて，内側からその文化について分析や考察を行うこと」は，「ネイティヴ・エスノグラフィー」と呼ばれる（照山 2013: 68）。本章では，このネイティヴ・エスノグラフィーの立場によって検証をおこなっていきたい。

3　渋谷センター街における Gathering 文化

3-1　イベサーとは

　本章で対象とする「イベサー（またはサークル[7]）」とは，年に数回，流行りのダンスミュージックを流すダンスタイムと，パラパラショーなどのアトラクションからなるクラブイベントをおこない，普段はストリートにたむろしている集団である。イベサーは複数存在しており，各集団同士でトライブを形成し，いわば「サークル界」という独自の社会を作っている[8]。彼らのサークル界と他のインカレ系イベントサークルを分かつ要素としては，ギャル・ギャル男ユース・サブカルチャーズとしての，ファッション，価値観，行動様式をもつことに加え，暴力団と交渉できる「ケツモチ」いう名の管理者を置き，ケツモチごとにグループが組織され（「系列」），そして複数のケツモチによって主宰される合同イベントに参加していることが挙げられる。こうしたイベサーに属する者

たちは、「サー人」と呼ばれ、「大サー」と呼ばれる高校卒業学年以上のメンバーが所属するグループと、「高サー，youth」と呼ばれる高校在学学年の若者が所属するグループ，女性のみによって構成される「ギャルサー」に分かれている。彼らは高校三年生，または大学三年生の後半になると，イベント中に「引退式」という卒業の儀礼をおこない，この世界から抜けていく。

　サー人たちの活動目的は，基本的にサークル界およびギャル・ギャル男系の若者の中で「イケてる」ことの承認や威信を集めることである。筆者のこれまでの研究では，イベサーのメンバー（サー人）に共有されている４つの価値観と，その価値観が彼ら自身の将来との結びつきのなかで，どのような意味を備えているのかを明らかにしてきた（荒井 2019）。彼らが持つ４つの価値観としてはまず，コミュニケーションを中心とした労働への勤勉性を示す「シゴト」という価値観が存在している。加えて，社会規範から逸脱したサブカルチャー独自のものとして，３つの価値観が存在する。「ツヨメ」という脱社会的な発想や行動力，既存の常識にとらわれず新規性のあるものを取り入れるという価値観，「チャライ」という戦略的に異性愛を利用するという価値観，「オラオラ」という，逮捕されない範囲での法的な逸脱や，暴力の利用をおこなうという価値観である。また，これらの価値観に基づく能力を持つことが，サークル界および，ギャル・ギャル男系の文化における威信や承認，すなわち「イケてる」ことに結びつくのである。この「イケてる」ことは，自分たちの単独のイベントにイケてる若者をより多く集客し，合同イベントで多くの納金をし，自分たちのグループのメンバーを高い役職に就かせること，これらを通して，証明され，揺るぎのないものになっていく。そして，サー人たちには，先の４つの価値観に結びつく能力を持つことが，将来の社会的成功にも役立つと認識されているのである。

3-2　センター街における縄張り行動
　先に，サー人たちの多くは渋谷のセンター街でたむろしていたと述べたが，彼らにとってセンター街とは，ただ単に和やかにまったりと過ごすだけの空間ではなく，自分とサークルが「イケてる」ことの承認を得たり威信を示したりするための活動場所でもあった。

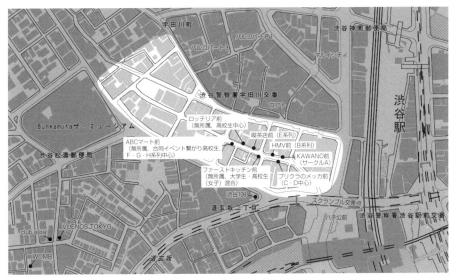

図2-1　センター街のイベサーの主だった縄張り（2006 から 2007 年頃）

出典：国土地理院地図に筆者が加筆して作成.

　サー人たちの具体的な活動場所は，渋谷駅前のスクランブル交差点を渡ったところにある，センター街のゲートから約30メートル先にある地点から，マクドナルドまでの約250メートルの区間である。なぜその区間なのかというと，センター街の入り口には，暴力団と繋がりのある露天商，サイドの道には偽造テレホンカードやマリファナを販売する外国人がおり，マクドナルド付近には暴力団の事務所があるため，サー人たちは，これらの者たちとの揉め事を回避できる区間をサークルの縄張りとしたのである。各サークルの縄張りは，センター街入り口のKAWANO前はサークルA，中央付近の旧HMV前はB系列，旧プリクラのメッカ前はCとDという兄妹サークル，ロッテリア前は高校生サークルというように，90年代後半より慣習的に定められてきた（図2-1）。縄張りの独占性は，サークルの総合的な「オラオラ」の度合いが高いほど強くなっており，他のサークルに所属する者たちはその境界を厳守しなければならない。つまり，他のサークルの縄張り内でたむろしてしまうことや，勧誘（ナンパ）をしながら，他のグループの縄張り内に踏み込んでしまうことは挑発行動とも捉えられかねない非礼にあたるため，細心の注意が払われる。センター街

の入り口に近いほど独占性は強く，たむろする者の年齢層も高い傾向がある。そのため縄張りを持たないサークルや高校生は奥に進んだ場所や縄張りの隙間にたむろする。また，サークル界と直接的な関わりがない，外部のものたち，とりわけ男性がこの区間にたむろすることはほとんどなかった。

　ただし，当の縄張りの中では，イベントへの「勧誘」という名のナンパやアルバイトのスカウト行為などがおこなわれており，サー人たちは自らの所属するサークルのメンバー，付き合いのある他のサークルのメンバー，渋谷に出入りする（サー人ではない）ギャル・ギャル男系の若者たちと交流することができた。また，こうしたナンパは，イベントの集客や新規のメンバーの獲得に加え，恋愛や性愛の対象との出会いとなったり，メンバーのアルバイトによっては，キャバクラや性風俗業に紹介できる女性との人脈を得たりすることと結びついていた。

　センター街にたむろすることは，交友の楽しみに加えてサークルの活動に結びつく「シゴト」でもあった。サークルAのマコトの「（サークルのメンバーである）タケオ君（が）……すげー頑張ってくれてるんすよ。毎日センター（街に）立って，ギャル勧誘（ナンパ）して」[9]という発言にもあるように，センター街で活動をすることは，サークルのために他のメンバーや他サークルのメンバーとの交流を「頑張っている」こととして称賛の対象となり，一方，センター街にたむろしないことは非難の対象にもなるのである。このシゴトでは，挨拶を通じたコミュニケーションなども重要なものとして捉えられている。サー人同士の挨拶は，どのような場所でも「お疲れ様です」が用いられる。他のグループの縄張りの前を通る際には，基本的に顔見知りのメンバーがいる時以外は挨拶をする必要はないが，サークル界において，勢力を持つグループの威信を備えたメンバーに対しては，たとえ面識がなくとも，丁重に挨拶をする必要があった。稼働メンバー数も多く，集客数も最大規模で，かつ「オラオラ」で有名なサークルAの代表のヨウヘイに対して，中堅規模サークルJのジュンジは，「ヨウヘイさんがセンター街を歩くと道がばっと割れる，モーセみたいに（笑）……挨拶しておかないとやばいから知らなくても頭を下げる」[10]と語っている。こうした場合，ヨウヘイに挨拶をしないと，トラブルの原因になりかねず，リスク回避のために面識がなくとも挨拶がなされるのである。そして，方々から[11]

挨拶をされる姿を周囲に見せつけることは，ヨウヘイのような挨拶をされる側の威信をより高める効果を持つ。

　センター街での威信を備えた姿は，サー人にとっての憧れになっている。以下の発言は，センター街で勧誘活動をおこなうメンバーたちにサークル活動を頑張る理由を筆者が訊ねた時の返答である。

　　先輩とか見てても，色んな知り合いが多い人とか，すげー名前売れてる人ってかっこいいなって思ったんですよ[12]

　　センター歩いてて色んなギャルに声かけられる瞬間ですかね，自分の客の子とかが，イケてたりすると，なんていうか気分いいじゃないですか，他のサークルの奴らとか周りにもヤス（本人の名前）って力あるなって思われると思うし[13]

　これらの発言に見られるように，センター街において，名が売れて挨拶をされることや，「イケてる」ギャルに声をかけられたりする姿が，彼らの憧れになっている。そして，そのような姿を他のサークルの者に見せることが，サークル自体の承認や威信にもつながり，活動の動機にもなる。すなわち，サー人にとって，センター街という場所は，交友自体の楽しみを得る場所であるのと同時に，挨拶をはじめとしたシゴトをおこなうことにより，自分と，所属サークルの評価，承認，威信という象徴資本を獲得，保持し，より高めていくための，儀礼空間となっていたのである。

3-3　イケてるファッションを「見る・見られる」場所としてのセンター街

　また，センター街にたむろしているサー人たちは，サークルのメンバーやその周りに集まっている者がどれだけ「イケてる」のかということを，外見やファッションを通じても敏感に値踏みしあっていた。このイケてるかどうかということは，生まれ持った顔立ちや体つきの良さなども重要な要素であるが，それと同様に重視されるのが髪型やファッションである。そして，イケているには，先述した，「ツヨメ」，「チャライ」，「オラオラ」といった3つの要素が含

まれていることが重要になり，同時に，サークル界での「シゴト」を円滑に進め威信を得るためには，この3つの要素を持たねばならない。そのため，サークル界の中においての立場が上がるにつれて，彼らのファッションにもこれらの要素がこなれた形で含まれるようになる。

　では，イケてるファッションとはどういうものなのか具体的に見ていきたい。まず挙げられるのは，日焼けをした黒い肌や派手な髪色，過度に強調されたメイク，そしてギャル・ギャル男系の派手さを強調したファッションである。90年代後半から00年代中ごろまで，頻繁に雑誌などのマスメディアに取り上げられていた「コギャル」，「ヤマンバ」，「マンバ」，「センターGUY」などと呼ばれたファッションもこれに含まれる。いずれも一般的な服装の常識から外れたかなりの派手さを備えており，こうしたギャル・ギャル男系のファッションは「ツヨメ」と表現される。

　ただし，このツヨメのファッションは，サークル新規加入者に多く見られるものである。サー人たちの多くは，サークル加入当初は「ツヨメ」の格好をしているが，加入してしばらく経つと，落ち着いた格好になる者が多い。たとえば，イベサーAの代表を務めていたカズヒロは次のように語る。

> 人と一緒ってイヤなんですよ。キンユウ系が流行る前なんかも，センター街で見たカッコイイ人とか，先輩たちの格好見て取り入れたんです。そしたら周りが真似しだして……。雑誌とか，最初は憧れるじゃないですか。実際に何回か載ったんですけど，遊んでるだけのバカとか，ポッと出のやつと一緒にされるのはイヤですね [15]

また，カズヒロは次のようにも語っている。

> 渋谷って流行の発信地だし，そこでイケてる奴らと関わることで，世の中で何が流行っているのか，何がウケるのかっていうのがわかってくると思うんです。そういう敏感なセンスって，単に雑誌とかを見てるだけじゃ身に付けられないんですよね

このカズヒロの語りにあるように，サー人たちは，ギャル・ギャル男系ファッション誌に掲載されているものをそのまま真似するというのは，雑誌を買えば誰にでもできることであるため，サークル界の中では「イケてない」こととして位置づけられるのである。[16] そしてファッション誌の真似をするのではなく，渋谷のストリートにおける新しい流行を直接感受しているという意味合いの「ツヨメなファッション」へと変化していく。一見，同じようなギャル・ギャル男系のファッションであったとしても，その内部においては，同一化と差異化の循環が生じており，新しいファッションは，雑誌などのマスメディアからではなく，渋谷のストリートから生まれていたのである。[17]

　イケてるか否かは，新規性を備えたツヨメのファッションであるだけでは卓越化しきれない。彼らのファッションは新規性とともに，センスがあるか，さりげなく取り入れているファッションアイテムがハイブランドの物であることがより重要だ。まず，センスという文化資本は先のカズヒロの語りにあったように，ストリートで身体化される。次に，彼らが高価なファッションを身に付けるためには，経済資本を持たねばならない。具体的にはキャバクラやスカウト業務等のアルバイトで金を稼いだり，異性から金銭やブランド品を貢がせること，違法だがギリギリで逮捕を免れ得るようなオラオラな行動や仕事で金を稼いだりすることが近道となる。同時に，彼らにとっての高価なファッションは，チャラさによって異性から金や物を貢がせる能力を持っていることや，暴力団関係者とのつながりがあることをほのめかすことを誇示するものでもあった。つまり，彼らが経済資本を得るためには，「チャライ」「オラオラ」といったイベサー界の中での価値観に結びついた仕事をする場合が多いため，彼らのファッションと，それらの価値観はある程度の相同性を持つのである。[18]

　そしてセンター街は，先に述べた儀礼や相互行為をおこなう場であることに加え，互いのファッションを「見る・見られる」ことを通じて，背景にある資本を値踏みし合い，威信の獲得を目指す場所でもあった。

3-4　日本で一番の街

　では，彼らは，センター街や渋谷という街をどのように捉えていたのだろうか。2001 年から 2003 年まで活動していた，イベサー A の元メンバーリュウジ

は，「一番の街で一番になりたかったからやってたんじゃん」[19]と語る。リュウジの地元は，先述した「プチ渋谷」と位置付けることのできる東京郊外の中規模都市であるが，そのような場所の出身者も，渋谷という街の象徴性を強調するのである。実際，リュウジの現役時代には，郊外の中規模都市およびその近郊から渋谷まで通うメンバーは，Ａのみならずサークル界に多く存在していた。また，Ａには 2006 年段階においても，わざわざ仙台という地方都市から毎週新幹線で通ってくるメンバーもいた。

　そもそもイベサーの活動そのものが，渋谷という街の象徴性と密接に結びついていた。たとえばコウヘイは，「サークルを通じてなにを得られると思うか」という筆者の問いかけに対して，以下のように語っている。

> 歴史ですかね，先輩たちもあると思うんですけど，ひとつの時代で，日本で一番の街で自分の名前を売っていた，その時代に自分の名前を知らない奴がいなかったっていうことは，将来，凄い自分自身の誇りになると思うんですけど，そういう歴史を持って社会に出ても成功した男になりたいですね[20]

　コウヘイは，渋谷を「日本で一番の街」と位置付けており，その街で名前を売ることが，自分自身の象徴資本になると捉えている。また，彼は社会に出ても成功したいと言うが，先の 3-3 で紹介したカズヒロも，自分たちの活動は，将来の成功において必要とされる「"力"みたいなのが研ぎ澄まされる」と語っている。彼らにとって，象徴的な価値を備えた渋谷での成功とは，一般経済社会における成功と強くリンクするものなのである[21]。

　以上，00 年代の渋谷に集まる若者のトライブの様相を見てきた。彼らにとって，この渋谷センター街は，象徴的な価値を持った，「見る・見られる」場所であった。また，彼らはこの場所において，儀礼の実践，相互行為を通じ，ギャル・ギャル男ユース・サブカルチャーズ内での威信の獲得を目指して勤勉に活動をおこなっていた。彼らがイケてるという威信を得るためにおこなう活動には，「ツヨメ」（脱社会性）と「チャライ」（異性愛の利用），「オラオラ」（逮捕されない範囲の違法性ぎりぎりの行動）といった悪徳性が含まれている。だがそれが，

将来の社会的成功に結びつく，文化資本・経済資本・社会関係資本・象徴資本という資本を得ることにつながると捉えられていた。そして，渋谷センター街が文化的に象徴的な価値を備えているからこそ，彼らの行動はより価値づけられるのである。このように，00年代の若者たちは，渋谷センター街に集まることによって初めて獲得することができる，悪徳性とも結びついた楽しみ，威信，資本を求めてたむろしていたと言える。

4　渋谷センター街のその後──Gathering から Sharing へ

　だが，冒頭でも述べたように，現在の渋谷センター街では，こうしたサー人たちの姿はもう確認されない。本節では，この「舞台」の上の若者たちと，彼らを取り巻く環境の変化について見ていきたい。00年代後半になり，イベサーは全国に広がっていったが，そうすると渋谷のサー人の数が継続して減少していった。残り少なくなったサー人たちが定期的に集まる場所はセンター街のプリクラのメッカ前のみとなり，2012年には縄張りも消滅した。2020年現在のセンター街では，派手な若者がたむろする様子は見受けられない。彼らがセンター街から姿を消したのはなぜなのだろうか。

4-1　渋谷以外へのギャル文化の拡がり

　まず，渋谷を中心としていたギャル文化が郊外や地方へと拡散していったことがその要因として挙げられる。たとえば，109の全国展開とオンラインマーケットの拡大によって，ギャル・ギャル男系のファッションアイテムは，必ずしも渋谷でなければ購入できないというものではなくなった。また，読者モデル自身が前略プロフィールなどのSNS上でファッションを発信し始めたことは，わざわざ渋谷やセンター街まで来て先端のファッションをチェックする必要性をも消失させた。

　そして，2009年には，渋谷とそれ以外の地域におけるイベサーの合同イベント Campus summit が全国47都道府県で開催されたように，ギャル・ギャル男ファッションが全国へと広がるとともに，各地で同じようなファッションの若者たちがつながり，各地で新たなイベサーが結成された。

ギャル・ギャル男系文化の全国的な広がりは，イベサー文化だけに見られるのではなく，キャバクラ嬢やホストのような水商売文化にも及んだ。水商売に携わる人向けの『小悪魔ageha』(2005～2019年，インフォレスト→主婦の友社) や『MEN'S KNUCKLE』(2004年～現在，ミリオン出版) などのファッション誌も創刊され，ギャル・ギャル男の中でこれらの仕事が全国で流行した。

　以上のようにギャル・ギャル男ファッションの広がりとともに全国各地でイベサーが生まれ，水商売文化が流行したことは，ギャル・ギャル男文化に属する者の層を広げた。20代後半以降の女性を想定読者層とした『姉ageha』(2010年～現在，インフォレスト→主婦の友社) が創刊され，また，小学生向けファッション雑誌である『ニコプチ』(2006年～現在，新潮社) でも，ギャル系ファッションが取り上げられたことからもわかるように年齢層が上下に広がり，さらにヤンキー層の若者や，逸脱性の低いフツウの若者が含まれるようになったのである。[22]

4-2　サークル界の変化

　2000年代初頭からの法規制や取り締まりの強化も，渋谷のイベサー文化のありように影響を与えた。メンバー達が従事していた，水商売・性風俗産業のスカウトマン，「闇金融」，振り込め詐欺なども，法規制によって罰則が厳しくなり，また，高校生の補導も増加し，街頭での活動や居酒屋への入店が難しくなった。センター街には，2004年3月より監視カメラが設置され，法的に逸脱した行為に対するリスクが高まり，オラオラなメンバーにとって居づらい場所へと化したのである。彼らの行いは，渋谷のサー人に共有されている価値観においてはあくまでもグレーゾーンの，つまり自分自身の経歴に傷が付かない（逮捕まではされない）範囲での逸脱行動であることが重視される。[23] そのため，法的サンクションの高まりは，法的にグレーゾーンにあたる種々のアルバイトに従事する者を減らし，イベサーの活動を抑止することにつながった。というのも，犯罪親和的なビジネスによる収益の減少は，イベサーからそれを手掛けていたケツモチやOBを遠ざけることになったからである。

　一方，残ったケツモチや新しい世代のケツモチ達は，渋谷のイベサーやギャル・ギャル男文化と結びついた，ファッション関連事業や読者モデル用のモデ

ル事務所などのサブカルチャー産業を興し始めた。ギャル・ギャル男系のサブカルチャー産業は大きな収益を生むもので，かつこれらは，法的にグレーゾーンなものでも非合法なものでもない。2010 年代の初頭，世代交代がおこなわれ，新しい世代のケツモチとサブカルチャー産業との結びつきがよりいっそう強くなると，若者への評価基準も以前のような逸脱性の高さとは無関係のものになっていく。

　加えて，ギャル・ギャル男系サブカルチャー産業として成長する過程において，ケツモチ達は，企業のコンプライアンスを重視し始め，ケツモチの企業が協賛する合同イベントでの飲酒喫煙の禁止や SNS 上でアップロードされる危険性を考慮した上でのさまざまな違法行為が禁止された。たとえば，旧世代のケツモチのイデによると，新世代のケツモチが「あれやるな，これやるな」と厳しく指示するなかで，元サー人で人気モデルのリカがそれに違反したことで実際に事務所を解雇されてしまったという。[24] イベサーやギャル・ギャル男の悪徳性とは，それらの文化における重要な魅力のひとつであった。だが，新世代のケツモチ達の規制によって，こうした魅力がなくなり，イベサーやギャル・ギャル男文化自体も衰退していったのである。

　4-1 で述べたように渋谷以外の地域におけるギャル・ギャル男層とイベサーのメンバーが，ヤンキー層の若者やフツウの層の若者に広がるなかで，メンバーの属性も変化した。まず，00 年代のサー人は高偏差値の学校に通う者が多かったが，それほど偏差値が高くない学校に通う者やフリーターなどの占める割合が大きくなる。さらにギャル・ギャル男文化が低年齢層にも広がったことによって，イベサーのメンバーも低年齢化し大学生よりも高校在学年のメンバーが増えた。そして，サー人たちの学歴と年齢が低下すると，彼らの将来像にも変化が見られ，以前のようにイベサーで獲得した悪徳性を活かして一般経済社会で成り上がろうとするのではなく，ギャル・ギャル男系文化と結びついたサブカルチャー産業界への就職が目指されるようになったのである。[25]

　しかしながら，そのような新たに加わった若者もイベサーを離れることになる。2011 年 3 月に高校生サークルを引退し，その後 OB として，ケツモチのサブカルチャー産業に携わりながらイベサー界に関わり続けていたトオルは，「2011 年以降，一気に（イベサーが）衰退した」理由を以下のように語っている。

一言でいうと SNS だと思う。俺たちの時は mixi くらいしかなくって，読者モデルになりたい子とか，読者モデルと友たちになりたい子とか沢山いた……そういうところとのパイプはサークルに入らなくては出来なかった。……その後 Twitter とかができて，どこからでも雑誌とかに出れるようなパイプができた。……そうなると，サークルに入る意味が無くなる[26)]

　00 年代後半以降，イベサーはギャル・ギャル男文化系のサブカルチャー産業界に関わる社会関係資本を得られる場として機能していた。しかし，10 年代に入り，Twitter などが登場してくるとイベサーにおけるそうした価値は低下した。SNS を活用することによってイベントの集客は容易になったものの，「肝心のサー人，サークルをやる奴が少ない」[27)]とトオルが述べるように，加入者は減少したのである。

4-3　SNS 上のポジティブなリアリティの資本としての意義の拡大と悪徳性の負の象徴資本化

　では，今まで述べてきたような変化とともに，若者たち自身の価値観や行動がどのように変化していったのかをこれよりみていきたい。00 年代半ばから 00 年代後半にかけて，サー人や派手なギャル・ギャル男系のファッションの若者が，雑誌の読者モデルになる傾向が強く見られた。こうした読者モデルを多く輩出してきたのが，ギャルの No.1 を決めるためのコンテストをおこなう合同イベントである[28)]。ただし，2012 年の夏の合同イベントでは，「ギャル」ではなく，「可愛い女子高校生」の No.1 を決めるためのコンテストに変わった。それにともない，グランプリとして選出される女性も，サー人あるいはギャル系とは関わりの薄い，フツウの落ち着いた外見の女子高校生へと変化した。

　こうしたコンテストからも，実は SNS の影響がうかがえるのである。SNS 上での投票の形式は，2010 年から携帯モバイルサイトでおこなわれていた投票に代わり，ブログや Twitter などと連動するようになった。たとえば，2012 年のコンテストのホームページには，① 投票数，② 応援メッセージ，③ リツイート，④ ページ閲覧数，⑤ ブログからのアクセスという 5 項目のポイントと，審査員票等の獲得数で優勝者が決まると書かれている[29)]。これらの指標から

わかるように，SNS 上で，より多くの人間からの肯定的な評価を得ることがモデルへの道に結びつく。ある年のコンテストでファイナリストとして選ばれたミキは，SNS は，「とにかく，ポジティブに見せようとした」と語る[31]。お酒を飲んでいるところやガラの悪そうな友人との写真は掲載しないようにし，食事などの写真も可能な限りきれいに見えるように工夫したのだという。すなわち，自分に投票するであろうフツウの幅広い層の若者にも受け入れられて上位に入賞し，読者モデルになるためには，ポジティブな像を SNS 上に提示することが大事だと捉えているのである。

10 年代初頭には，コンテストに入賞した女性のブログに掲載されていた飲酒や悪ふざけをしている様子が「飲酒・犯罪自慢」としてインターネット上で炎上したことによって，入賞が取り消されているような事件も起こった。それ以降，ケツモチはより一層規制を強め，モデルになる女性の場合はとりわけ，プライベートの飲酒や写真を挙げることが禁止されるようになったのである。

こうした傾向は，コンテストの参加者だけでなくサー人においても見受けられ，SNS 上にアップロードされるイベント関連の写真などは，よりポジティブなものが中心になっていった。たとえばあるサー人の SNS には，2014 年のハロウィンの日に渋谷のセンター街で仲間とともに笑顔でゴミ拾いをする写真があげられ，仲間と共に掃除をして気持ちが良かったという感想が綴られている[32]。また，別のサー人のジョウの SNS にも，ゴミをスライディングしながら拾う写真などが投稿されている[33]。2012 年に大サーを 2 年半前に引退したヨシキは，「最近（インターネット上の）ニュースヤバイじゃないっすか……ネット，ヤバイ。すぐに色々出るし……」と語り[34]，それがイベサーの衰退理由につながったとも述べている。これらの事例に見られるように，サー人としてサークル界に関わる者にとっても，悪徳性の高い行動は将来のキャリアを阻む可能性がでてきたため，SNS を通して法やコンプライアンスに抵触しないポジティブなリアリティを発信することがその後のキャリアのために重要になった。

また，キャリアだけでなく，ギャル・ギャル男系文化における威信の獲得との関わりの中でも，さまざまな意識の変化が起こった。高校生からギャルとして渋谷に毎週通い，サー人メンバーたちと深く付き合っていたユミは，インタビューにおいて以下のように語る[35]。

うちらが高校の時（2009～2012年）ってギャル全盛期じゃん。……ギャルだから許されるってあったと思う，今はもう通用しない。今の時代って，うちらの世代よりもギャルやりにくいと思う。夜（キャバクラ勤務）なんかもそう，今，夜って……印象良くない。そんなに人に言えるようなことじゃなくなってるじゃん。あの頃ってテレビとかにもよくキャバ嬢出てたし，高校生もまだやり易かった，でも今，高校生で夜やるとか結構厳しいでしょ

　ユミは，彼女が高校生だったときは，ギャルとしての行動やギャルと関わる水商売の仕事をすること自体は何の問題もなかったというが，現在（2015年12月当時）では，許容されにくい社会的な風潮，および厳しい取り締まりが存在していると捉えている。では，どのようなことがイケてるのだろうか。彼女は次のように語る。

今でも（元サー人の）ミサキとか（は）夜やったりとか，ジュリみたいに，旦那が裏系（非合法ビジネス）で稼いで（自分は）セレブな感じで（SNS上に写真を）アップしてっていう子もいるけれど……もうないよね。……今イケてるのって，もっとセンスが大事。ネイルなんかもセンス。……インスタとか見ても，どう見せるとか，生活のセンスがいいとか，ちゃんと自炊して野菜摂って，ジム行ってとか，センスがいいこと，センスがいい生活をしていることが大事。ブランド品買って，彼氏が悪くてっていうのはちょっと古い感じじゃない？[36]

　彼女が挙げる元サー人のミサキやジュリのライフスタイルやSNS上での自己表現は，00年代後半のギャル・ギャル男の若者たちにとってはイケてると肯定的に評価され，威信や承認に結びつくものであった。渋谷のサー人たちにとっても，悪さや性的な逸脱，破天荒な行動は，現在および将来において威信の獲得に結びつく武勇伝や，セルフプロデュースに結びつくものであると捉えられていた。しかし，その後，キャリア獲得や威信に結びつく象徴資本として機能を果たした悪徳性は，10年代に入ると威信を損なわせる負の象徴資本として機能するようになり，SNSなどにおける悪徳性を見せる，もしくは匂わ

せる表現は古臭いものに変わった。

4-4　Gathering 文化から Sharing 文化へ

とはいえ，10 年代において，残り少なくなったイベサーでは，かつての 00 年代のギャル・ギャル男文化，イベサー文化のファッションや行動，悪徳性（チャライ・オラオラ・ツヨメ）を含む楽しみや，それから得られるキャリアを求める文化と連続しており，その名残をとどめていた。[37]

しかし，このような文化は既に，かつてのギャル・ギャル男系の若者にあたる，流行に敏感な層の若者には評価されなくなっていた。加入する者は減少し，現場管理者となる OB がメンバーをかき集めても，すぐに辞める者が増加した。2014 年からたった 1 年間のみ高校生イベサー M に所属し，引退を待たずに辞めたナギサは，イベサーに対する不満を以下のように語った。

> 毎週集まる意味（が分からない，）すごいだるかった。……別に（ネット上）でつながってるじゃん……（元サー人の）リノみたいにパラパラ好きな子なら（イベサーで集まることも）わかるけれど……残っちゃうじゃん，ナギサが高 1 の時だと思うけれど，尾木ママがテレビで就職できないっていってて怖くなった。……でもナギサも高 1 の時，（SNS に）あげちゃった，みんなで酒飲んでるの。……（画像を）残したくない子は嫌がると思う，画像検索とかできちゃうじゃん，女の子はそう（思うん）じゃない特に，……（イベサーには）男いるじゃん，ガテン系（の男のサー人）ってインスタ映えしなくない（笑），インスタ映えの方がかわいいじゃん[38]

ナギサも，やはり SNS 上では，イベサーでの活動はリスクにもなり，ポジティブな評価に結びつきづらいという。ナギサは，ギャル系のファッションをして毎週渋谷や原宿に通っていたが，アニメ鑑賞なども趣味としており，かつてのイベサーの中心層であった悪徳性の高いギャルではない。ナギサのような悪徳性の高くないサー人の割合は，イベサーの層が拡大した 10 年代初頭から増加した。一方，このナギサの発言に出てくるリノは，パラパラが好きで派手なギャル系のファッションをし，キャバクラで働いていた昔ながらのサー人で

ある。だが，14年頃になるとリノのようなサー人はごく少数となっていた。

　また，ナギサは，イベサーを辞めた理由について，イベサーに入らなくとも SNS を通じて同じ趣味の友人などを得られるからだと述べる。このナギサのようにイベサーをすぐに辞めるものが増え，大サーは2015年度に実質的には消滅し，高校生サークルのメンバーも残りわずか数十人となっている（2019年時）。

　以上に，10年代以降のイベサーを取り巻く環境と彼らの変化について述べてきた。比較して見てみるならば，2節で述べてきた00年代のサー人たち，および同年代のギャル・ギャル男系の若者文化は，同じ場所に集まることでしか得られない，悪徳性を含む楽しみを求め，そこから威信と将来に結びつく資本を獲得するという Gathering の文化であった。それに対して，10年代以降は，ポジティブなリアリティをシェアすることを楽しみながら将来に結びつく資本を獲得することを求める Sharing の文化に移行していったといえる。Gathering 文化から Sharing 文化へと変化するなかで，イベサーはかつてのような支持を得ることができず，数を大幅に減らし，サー人たちもセンター街から姿を消していったと考えられるのである。

5　おわりに

　本章では，渋谷センター街にたむろする若者たちサー人の中で共有されてきた価値観や行動原理の変化を明らかにしながら，渋谷という街からサー人たちが姿を消していった様相を明らかにしてきた。これらは，2-2で取り上げた都市文化研究の渋谷の「脱舞台化」に関する議論の再検討を示唆するものである。

　本章でみてきたように，00年代のサー人をはじめとしたギャル系の若者たちにとっての渋谷とは，たんに情報量・ショップの多さ，便利さといったものに限定されない。少なくとも2010年代初頭までは，依然として郊外の中規模都市の若者までも引き寄せる，文化空間としての象徴性をもった都市であったといえる。とくに渋谷のセンター街は，サブカルチャーの儀礼空間，空間的象徴として機能しており，ファッションを通してのアイデンティティをかけた上演がなされる舞台にもなっていた。すなわち，パルコ界隈，文化村エリアから

渋谷センター街へと渋谷内部の異なる場所に「舞台」が移動したものの，70年代以降，パルコが牽引し拡大させた渋谷という街の象徴性は，90年代後半以降も，ギャル・ギャル男系サブカルチャーのなかで引き継がれていたのである。00年代，サー人たちは，渋谷センター街に集まり，そして，同じ場所に集まり悪徳性を含む楽しみを求め，そこから威信と将来に結びつく資本を獲得するというGatheringの文化を有していた。しかしながら，10年代に入り，ポジティブなリアリティをSNS上で共有することに楽しみや威信，および将来的なキャリアの獲得を目指すSharingの文化が，かつてのギャル・ギャル男のような若者に限らず一般の若者にも浸透すると，彼らは渋谷という舞台から姿を消していった。

　ただし，本章では，現在の渋谷という場所が完全に「舞台」ではなくなったと述べることは控えたい。それぞれの縄張りにたむろするサー人たちの姿をセンター街のなかに見つけることができなくとも，ギャル・ギャル男系の系譜に連なる若者たちのなかには頻繁に渋谷に訪れる者もいる。彼らにとって，いまだに渋谷は文化空間の象徴として捉えられており，過去から連続する渋谷という街，場所の象徴性はすぐに失われるものではない。[39]この場所がもつ象徴性がいつまで継続するのかを，今後も注視し続けていきたい。

■ 注

1）「ツヨメ」については3-1にて詳述する。

2）アキは，ワンピース風に着用した大きめのトレーナーにスニーカーとリュックを合わせるという，カジュアルなファッションだった。

3）「ヤマンバ」とは，ハイブリーチを施し髪を金や銀にする，もしくはそれらの色をメッシュ状に入れ込んだヘアスタイルをし，日焼けやメイクにより限りなく黒に近づけた肌，口元と目の周りを白く強調したメイクのギャル系の女性を指す。ギャル系については注4を参照。

4）当時のギャル系とは，見た目やファッションでいうと，明るく脱色した髪，化粧およびカラーコンタクトレンズやつけまつげを用いた目の強調，日焼けした肌，肌の露出，派手なネイルの装飾をした女性が当てはまる。また，おおよその行動様式も似通っていた。ただし，年齢や流行により肌を白くする者や，水商売のホステスのようなファッションテイストのものなどさまざまなバリエーションが存在し，細分化していった。ギャル男とは，明るい髪色に日焼けした肌，暴力団関係者を意識した不良っぽい格好や，ホストやスカウトマンのようなファッションなどを好む男性を指している。

5）SHIBUYA109は，1996年に若者向けのファッションビルへ方向転換すると共に，「ギャル系ファッションのメッカ」となった（渡辺 2011: 118）。そして，2006年にはSHIBUYA109-2がギャル男向けの109MEN'Sの営業を展開し，これら109は2008年度まで増収が続いた。

6）「トライブ」とは，上野俊哉の「都市の部族（Urban Tribes）」概念を参照し，サブカルチャー，趣味やスタイル，身ぶり感覚の面で，集団性・共同性を形成し，文化的・物理的に争いをする集団として捉えている（上野 2005: 15-16）。近年，イベサーのケツモチの中にはイベサーのことを「渋谷トライブ」と呼ぶ者もいる。

7）おおよその傾向として，当初「イベサー」と呼ばれていたが，00 年代後半以降，サー人およびギャル・ギャル男系ユース・サブカルチャーズの者達から「サークル」と呼ばれるようになった。本章では，イベサーまたはサークルと表記する。

8）「サークル界」とは，当事者の間で長年広く使用されている呼称である。これを，本章ではブルデューの「界」概念を用いて解釈する。ブルデューの「界」とは，ある共通項をもった人びと，および，組織，価値体系，規則などによって構成される，一定の範囲の社会を指す。人びとは，この界の中で特有の価値が与えられている「賭け金」を求めて争いをおこなう（Bourdieu 1979）。

9）マコト（19 歳，大学生，イベサー A・メンバー・2005～2008 年在籍）2006 年 6 月インタビュー。以下インタビュー協力者の特定を防ぐため，調査時の日付に関しては記載しないこととする。インタビュー協力者のプロフィールは，「名前（年齢，社会的身分，イベサー名・肩書・在籍期間）」の順に示してある。なお，名前とイベサー名は仮名であり，年齢，社会的身分，イベサー内での肩書は，インタビュー時のものである。以下同じ。

10）ジュンジ（32 歳，飲食チェーン経営会社社員，イベサー J・元メンバー・2002～2004 年在籍）2016 年 10 月インタビュー。2002, 03 年当時を振り返っての発言。

11）本節で論じたイベサー内およびイベサー間のメンバー同士の儀礼については，別稿にて詳述する予定である。

12）コウヘイ（20 歳，大学生，イベサー A・メンバー・2005～2008 年在籍）2006 年 11 月インタビュー。

13）ヤス（20 歳，大学生，イベサー A・メンバー・2005～2008 年在籍）2006 年 11 月インタビュー。

14）「キンユウ系」のファッションとは，日焼けした肌に，サイドを刈り込みトップを立たせたヘアスタイル，黒を基調とし威圧感を醸し出すカジュアルウェア，アクセサリーや，靴，セカンドバックにハイブランドを取り入れたファッションである。当時，ヤミ金融業や詐欺に従事するものがこのようなファッションをしていたことが多かったことから，この名称で呼ばれていた。

15）カズヒロ（21 歳，大学生，イベサー A・代表・2004～2006 年在籍）2006 年 11 月インタビュー。

16）ただし，一部ではあるが，テレビやファッション雑誌に取り上げられるため，「ツヨメ」のファッションを，加入後長期間経過した後もメンバー達に継続させるグループも存在する。

17）先のカズヒロの語りに出てくる「キンユウ系」のファッションは，彼が身にまとい始めた当初はほとんどファッション雑誌では取り上げられていなかったが，その後，「オラオラ系ファッション」と名付けられ，さらにインタビューの 3 年後には，『Soul Japan』（ミリオン出版 2009 → 2015）のような「オラオラ系ファッション」を専門に扱う雑誌も創刊されるようになった。

18）サー人の家庭は裕福である場合が多いため，多額の小遣いや仕送りによって高価なファッションを購入できるが，それだけでは足りなくなることや，チャラさや，オラオラさを持った仕事に憧れて，これらの仕事をする者も多い。

19）リュウジ（34 歳，会計士事務所勤務，イベサー A・元副代表・2001～2003 年在籍）2017 年 1 月インタビュー。

20）ヤス（20 歳，大学生，イベサー A・メンバー・2005～2008 年在籍）2006 年 11 月インタビュー。

21）実際にカズヒロは大学を卒業後，大手 IT 広告企業に入り，この 5 年後，イベサーの先輩から融資を受けて自ら IT 系ベンチャー企業を設立しており，渋谷での活動を一般経済社会における成功に結びつけている。

22）速水健朗は，「二〇〇〇年頃に渋谷の『ユース・ストリート・カルチャー』としてはじまった "ギャル" は，雑誌と衣料流通チェーンによって全国区の消費層へと変化した」と述べる（速水 2012: 225）。また，2012 年段階では，ケータイ小説の読者層となる首都圏郊外，郊外化した地方都市に住む現代の「ヤンキー」と，ギャルとの間の文化圏が近いものとなっており，『小悪魔 ageha』のモデルなどもヤンキーとほぼ重なること，そしてヤンキーからギャルになる女性も多いことを指摘する（速水 2012）。

23）これらの犯罪は，逮捕のリスクをともなうものではある。しかし，法やその規制をかいくぐるサー人たちが逮捕されることは非常に稀であった。

24）イデ（40 歳，イベント関係物販会社経営，イベサー N・元代表・1996〜1998 年在籍）2018 年 6 月インタビュー。イデは，イベサーを卒業した後，ケツモチを担っていた。

25）詳しくは拙稿（2019）を参照。

26）トオル（22 歳，飲食店経営，イベサー K・元副代表・2010〜2011 年在籍）2015 年 3 月インタビュー。

27）また，トオルはイベサーの引退式の人数について以下のように語っている。「俺の引退式は（集客が）1100（人）いっていた。ATOM（渋谷にあるクラブ）で入場規制，系列で 18 人引退，引退式を 2 回やった。今は，全部（高校生サークル全体）で引退するのが 60 人位に減った。この間系列の引退式にいったら全部で（集客が）200 人位だよ」。トオルの引退式には，筆者も他のイベサー OB とともに参加した。だが，フロアで目にした限り，入場者の数は 500 人程度であったというのが我々の見解である。ただし，サー人の数がトオルが引退した 2011 年 3 月からの 4 年間で半数以下に減ったというのは，筆者の観察や複数のインタビューからも事実であるといえる。トオルのプロフィールは注 26 を参照。

28）00 年代中ごろより，この合同イベントでグランプリを取ると読者モデルへの道が拓けるようになった。

29）2012 年 12 月フィールドノーツより。

30）ただし，「審査員票」という言葉があるように，優勝者になるには，ケツモチやサー人たちとの社会関係資本，雑誌，モデルとして採用する側の企業の意向も含まれる余地があることも示されている。

31）ミキ（大学生大手，芸能プロダクション所属モデル）2018 年 4 月インタビュー。 なお，酒を飲んでいる写真など，大きなリスクに結びつくものは「そもそも載せない」と語っている。

32）2014 年 11 月のフィールドノーツより。

33）2014 年 11 月のフィールドノーツより。00 年代の渋谷センター街にたむろしていたサー人たちはストリートから姿を消していったが，その末裔の若者たちは，楽しみつつ自らのポジティブなイメージと結びつく形でハロウィンと関わっており，それによりイベント時に外部からやってくる若者たちから卓越化をするようになっているといえる。

34）ヨシキ（25 歳，IT 系広告代理店社員，イベサー A・元代表・2007〜2009 年在籍）2012 年 7 月インタビュー。 ヨシキと筆者はその日，A のイベントに同行した。その状況を見て，イベサーのメンバーが少なくなり，オラオラした者も少なくなっていった 2012 年の状況の理由を筆者に語った。

35）ユミ（22 才，大学生）2015 年 12 月インタビュー。 ユミ自身，高校時代はキャバクラで働き，「そっち系」（非合法ビジネス）の彼氏と交際していたという。

36）さらに，ユミは，ジュリがたまに自分が病んでいるということを示す内容や，浜崎あゆみの歌

詞を意識したようなポエム調の自分語りを LINE のタイムライン上でおこなっていることについて以下のように語る。「あれはもうイタすぎ（笑）まだ⁉みたいな。「リアル（00 年代に若者の間で流行した短文の独り言を投稿するブログサイト）」の時代でしょ，よくて mixi あれはない（笑）」。

37) イベサー A の最後の代表となったリュウゴ（24 歳，医療系専門職，イベサー A・元代表・2011〜2014 年在籍）は，徐々に勧誘ができなくなった状況を以下のように語る。「流行で『egg』もなくなったりするような時期だったんで，あんなギャル・ギャル男集団がきたら，誰も入んなくって……あの集団入りたくない，なにあの集団みたいになっちゃって……」。イベントに関しても，「一般人はああいうイベント来ないんですよ……俺はテクノ（パラパラ）踊りましたけれど，一般人はパラパラウケルんだけどとかそういう感じですね…… mixi の頃は（集客を意識して）記事に書きましたけれど，一般人とかから行きたいですとかはないですし，メッセ送っても，ただ怪しくて，……クラブで 1000 円飲み放題ですみたいな。知らない人にそんなイベント誘われてもいかないんすよね，絶対不審者で，見た目が時代に合わないギャル男で……僕は昔寄りの考えなんで，めっちゃ楽しそう，みたいな。知り合いもいるし，飲みも安いし最高じゃんって感じですけれど……」と，既に，自分達のイベントや，ファッションが時代とは合わなくなってしまってきていたと語っている。また，「A は僕が入ったころはまだ，KAWANO 前で集合みたいなのはあったんですけれど……センター（街）行っても（同じサークルのメンバーもサー人も）誰もいないんで，他サー（クル）のやつらと，（プリクラの）メッカ前で集まってましたね」と，サー人の母集団が小さくなる頃には縄張り意識もなくなっていったと述べている。このように，外部の若者文化やファッションとの違いが大きくなる中，対面上でも SNS 上においても，イベサーは閉じたコミュニティになっていった。とりわけ大サーにその傾向が強く，大サーは，2015 年度で消滅した（ひとつのイベサーのみ OB に無理やり引退する時期を延ばされたこともあったが，そのイベサーも 2017 年に解散した）。2016 年 4 月インタビュー。

38) ナギサ（19 歳，専門学校生，高校生サークル M・元メンバー・2014〜2015 年在籍）2018 年 6 月インタビュー。

39) これは，サー人およびギャル・ギャル男系の若者だけに限らない。渋谷の象徴性が本当に無くなったのだとすると，なぜ渋谷に年越しやハロウィンなどのイベントのたびに多くの若者が集まり，スクランブル交差点にもあれほど多くの外国人観光客が集まっているのだろうか。

📑 参考文献

荒井悠介（2009）『ギャルとギャル男の文化人類学』新潮社.
──（2017）「社会的成功のため勤勉さと悪徳を求める若者たち──渋谷センター街のギャル・ギャル男トライブ」多田治編『社会学理論のプラクティス』くんぷる，35-57.
──（2019）「渋谷ギャル・ギャル男サークルのエスノグラフィー」一橋大学博士学位論文.
Bourdieu, Pierre, 1979, *La Distinction: Critique Sociale du jugement*, Paris: Éditions de Minuit.（＝ 1990，石井洋二郎訳『ディスタンクシオン──社会的判断力批判 I．II』藤原書店.）
速水健朗（2012）「ギャル文化とケータイ小説。そして，その思想」小谷敏・芳賀学・浅野智彦・土井隆義編『若者の現在　文化』日本図書センター，211-242.
五十嵐太郎編（2009）『ヤンキー文化論序説』河出書房新社.
木村絵里子（2014）「ファッションによる自己表現と都市経験」『若者の生活と意識に関する全国調査 2014』報告書』青少年研究会，105-120.
北田暁大（2002）『広告都市・東京　その誕生と死』廣済堂出版.（→ 2011，『増補 広告都市・東京

その誕生と死』筑摩書房.）

松谷創一郎（2012）『ギャルと不思議ちゃん論——女の子たちの三十年戦争』原書房.

宮台真司（1994）『制服少女たちの選択』講談社.（→ 2006,『制服少女たちの選択　After 10 Years』朝日新聞社.）

難波功士（2007）『族の系譜学——ユース・サブカルチャーズの戦後史』青弓社.

照山絢子（2013）「ネイティヴ・エスノグラフィー」藤田結子・北村文編『現代エスノグラフィー　新しいフィールドワークの理論と実践』新曜社, 68-73.

上野俊哉（2005）『アーバン・トライバル・スタディーズ——パーティ，クラブ文化の社会学』月曜社.

渡辺明日香（2011）『ストリートファッション論——日本のファッションの可能性を考える』産業能率大学出版部.

吉見俊哉（1987）『都市のドラマトゥルギー——東京・盛り場の社会史』弘文堂.（→ 2008,『都市のドラマトゥルギー——東京・盛り場の社会史』河出書房新社.）

それでもなお，都心に集まる若者たち
——東京都練馬区の若年層への質問紙調査の分析から

小川豊武

1　はじめに

　本章の目的は，チェーン店やインターネットの普及によっていわゆる「空間の均質化・フラット化」が進んでいるとされる現代において，それでもなお，都心に集まる若者たちを規定している要因について，東京都練馬区に居住する若年層へのアンケート調査を事例として，明らかにすることにある。

　2000年代以降の社会学やそれに関連した言論領域における若者研究において「地元志向」がひとつのキーワードとなっている[1]。詳細については序章を参照いただくとして，その背景としてしばしば指摘されるのが，「ファスト風土化」（三浦 2004）である。ファスト風土化とは，大規模チェーン店やショッピングモールに代表されるような商業施設が地方に拡大し，国土全体が「均質化」する事態を表している。こうした認識は論者によって批判的に論じられる一方，その快適さや経済合理性が評価され，肯定的に論じられる場合もある。いずれにせよ，このファスト風土化によって，若年層はわざわざ大都市に出ることなく地方都市においても「ほどほど」な消費生活を送ることが可能となり（阿部 2013），結果として「地元志向」が高まったとされている。

　「若者の地元志向論」というと，地方に居住する若年層がイメージされるかもしれないが，都市部に居住する若年層にも地元志向が広まっていることが指摘されている。都市部に居住する若年層の場所意識について，マーケッターの原田（2014）は東京都練馬区に居住しているある若者グループが，新宿や渋谷などのいわゆる都心とされる地域にはほとんど遊びに行かず，おおむね住んで

いる場所から「5km四方」で生活しているという事例を報告している。すなわち，地元志向の高まりは，地方に居住する若者たちだけではなく，都市に居住する若者たちの中にも広まりつつあるとされているのである。

　しかしながら，その一方で私たちは都市部のさらに「都心」と呼ばれるような繁華街やターミナル駅において，依然として多くの若者たちの姿を観察することができる。渋谷や原宿には最新流行のファッションを身にまとった多くの若者たちが集まっている。秋葉原や池袋にはアニメおたくやゲームおたくと思しき多くの若者たちが歩いている。彼・彼女らは少なくとも居住地の「5km四方」で日々の生活を充足させているようには見えない。むしろ都心での消費生活がアイデンティティやライフスタイルの一部になっているようにも見える。近年「再都市化」（都市部への人口集中）や「都市の郊外化」（都市の消費文化のロードサイド化）などの新しい都市の潮流が指摘されている昨今において，「都市部」に居住する若年層の場所意識のリアリティーを把握する重要性は再び増してきているといえる。

　「地元志向」の波が「地方の若者」だけではなく，「都市の若者」にも広がりつつあるという事態は，若年層を対象としたある質問紙調査の結果からもうかがえる。詳細は3節で述べるが，2010年に東京大学大学院・情報学環の北田暁大研究室が東京都練馬区の若年層を対象に実施した質問紙調査の結果を見ると，「地元（いま住んでいる地域）が好きだ」という質問に対して，「あてはまる」と「ややあてはまる」と回答した人の割合を合計すると87.6%となり，「地元志向」が非常に高いことを確認することができる（表3-1）。その一方で，「地元（いま住んでいる地域）よりも，都心（池袋・新宿・渋谷など）の方が好きだ」と

表3-1 「地元（いま住んでいる地域）が好きだ」への
　　　　回答の度数分布

	度数	パーセント
1 あてはまる	361	55.8
2 ややあてはまる	206	31.8
3 あまりあてはまらない	53	8.2
4 あてはまらない	16	2.5
無回答	11	1.7
合計	647	100

表3-2 「地元（いま住んでいる地域）よりも，都心
　　　（池袋・新宿・渋谷など）の方が好きだ」への
　　　回答の度数分布

	度数	パーセント
1 あてはまる	76	11.7
2 ややあてはまる	177	27.4
3 あまりあてはまらない	246	38.0
4 あてはまらない	137	21.2
無回答	11	1.7
合計	647	100.0

いう質問に対して，「あてはまる」と「ややあてはまる」と回答した人の割合
を合計すると39.1％となり，決して少なくない数の若者が，「都心」が好きと
回答している（表3-2）。すなわち，「地元志向」の波は“都市の若者”にも広が
りつつある一方で，「地元」と「都心」を比較した場合には依然として「都心」
が好きと回答する若年層が，決して少なくない数存在するのである。

　都市部に居住する若者たちの中には「地元志向」と「都心志向」を持つもの
が混在していると考えた方が妥当なのではないか。そうであるならば，両者を
分ける要因には何があるのだろうか。言い換えれば，都市部に居住する若年層
の間にも「地元志向」が広まりつつある現代において，それでもなお「都心志
向」を持つ若者にはどのような特徴があるのだろうか。また，彼・彼女らの
「都心志向」を規定する要因にはどのようなものがあるのだろうか。

　議論に入る前にここで用語の整理をおこなっておこう。本章で扱う「都市」
「地方」「都心」「地元」といった用語は極めて多義的であり，さまざまな文脈
によって異なる意味合いで用いられている。都市計画や行政区画の文脈では日
常生活の感覚とは異なる意味合いで用いられることもある。本章では，若者の
生活世界における都心へ行くことの意味に関心があることから，日常的な感覚
を頼りにして，「都市」を東京・大阪・名古屋といったいわゆる大都市を表す
ものと定義し，中でも「東京都」に絞って検討をおこなう。また「都心」は大
都市内におけるターミナル駅・繁華街を表すものと定義し，中でも東京23区
内の「新宿」「渋谷」「池袋」に絞って検討をおこなう。「地元」は現在居住し
ている地域と定義する。さらに「都心志向」は“都心が好き”という愛着と，

「地元志向」は"現在居住している地域が好き"という愛着と定義する。このような操作的定義をおこなうことにより，東京都という都市部に居住している若者における，「都心志向」（新宿や渋谷などの都心が好き）と「地元志向」（現在住んでいる地域が好き）という傾向を分ける要因は何かという問いを検討することが可能になるだろう。

　全体の構成を述べよう。2節では，まず「都市と消費文化」について扱った先行研究の検討をおこない，都心に集まる若年層を検討するうえでとりわけファッション文化が重要である点について述べる。次に先行する社会学的都市論の主張をもとに，若年層の都心志向を規定する要因として，「舞台性仮説」と「脱舞台性仮説」の2つを設定する。3節では，分析データの概要および使用変数の説明をおこない，4節では，先述した2つの仮説の検証をおこなう。5節では，考察と今後の課題について述べる。

2 都市空間と消費文化に関する研究

2-1　先行研究の検討

　本節では，都市部に居住する若年層の場所意識（「地元志向」「都心志向」）の規定要因を明らかにするために，文化社会学的な都市論を参照しておきたい。文化社会学的な都市論では，主として都市空間とそこに集う人びとの消費文化の関連について考察がなされてきた。近森（2013）はその大枠での流れを「80年代的都市論」（舞台化する都市）から「ゼロ年代的都市論」（脱舞台化する都市）への変遷という構図でまとめている。以下，簡単にこの流れを見てみよう。

　まず「80年代的都市論」の代表的な論者のひとりである吉見（1987）は，70年代以降の渋谷における西武資本系のパルコを中心とした都市開発を事例に，都市がファッションを中心とした記号消費の「舞台空間」として演出されていくプロセスを描いた。渋谷は，戦後から60年代までは一時期闇市として栄えるも，周囲を団地に囲まれた狭隘な盆地という地形的特質をひとつの要因として，商業地区を拡大させることができず，停滞の時期が続いていた。しかし，70年代になると渋谷・公園通りに西武資本系のパルコがオープンし，駅から公園通りを経て原宿へ至る人の流れを生み出した。また「スペイン通り」のよ

うなファッショナブルな空間と東急ハンズのような商業施設を設置し，そこに
集まる人びとが「楽しく歩ける」回遊性を生み出した。吉見によれば，こうし
た空間を遊歩する人びとには若者が多く，彼・彼女らは「現代的な」ファッシ
ョンに身を包んだ「私」を演じる（見る・見られる）ために都市に来ていたのだ
という。都市は若者たちが最新流行のファッションを身にまといながら，自分
たちを差異化し自己表現をおこなう舞台として機能していたのである。

　次に「ゼロ年代的都市論」では，代表的な論者のひとりである北田（2002 →
2011）が，90 年代の渋谷において上記のような舞台性が喪失していくプロセス
を描いた。90 年代以降の渋谷では人の流れがセンター街やロフト館前等に移
っていき，それまでの「メイン舞台」であった公園通り界隈の優位性が失われ
ていた。同様のことはもうひとつの「メイン舞台」であった文化村・東急本店
エリアでも見られた。これにともない，渋谷という都市全体も「シブヤ」とい
う総称としての記号イメージを失っていった。当時の雑誌『アクロス』の調査
を参照しながら北田は，若者たちが渋谷の魅力として「欲しいものがある」「新
しいもの，流行が分かる」「情報が多い」「とりあえず何でも揃う」といった機
能的・実利的な要素を挙げていることに注目し，渋谷はもはや「固有名がもた
らすイメージによって人びとを引き寄せる舞台としてではなく，情報量・ショ
ップの多さというなんとも色気のない数量的な相対的価値によって評価される
『情報アーカイブ』として機能」するようになったのだという（北田 2002 → 2011:
117）。

　2000 年代以降には，こうした都市空間と関連した消費文化の中でも，ファ
ッションやおたく文化など特定の趣味文化に着目した研究が登場してくる。難
波（2007）は戦後の若者文化の変容を「〜族」（「太陽族」「みゆき族」「暴走族」「ア
ンノン族」「おたく族」など）から「〜系」（「渋谷系」「裏原系」など）へという彼・彼
女らに対する呼称の変化に着目して描いた。工藤（2017）は難波の議論をファ
ッションのジャンルやカテゴリーの変化として捉えなおしたうえで，「〜族」
の時代は「ファッションジャンル」と「着用される空間」の繋がりが強く，
「〜系」の時代は「ファッションを楽しむこと」が特定の空間との結びつきを
弱めて「どこでも」可能な行為へと変化したと述べている。しかしながら，
「特定のファッションアイテムを買うこと」は依然として都市に集中しており，

そのような「特定のショップや消費者から構成される消費空間としての『ファッションの街』」の在り方を，北田の「情報アーカイブとしての都市」という議論と対応させている。

　一方で，森川（2003）は1990年代以降，それまでは生活家電やパソコンなどの店舗が並ぶ電気街であった秋葉原が，アニメ絵の美少女キャラクターのマンガやゲームを扱う専門店が立ち並ぶ，おたく趣味の街に変容したプロセスを描いた。森川によれば，その変容に行政や大企業は介在しておらず，パソコン・マニアたちの趣味の構造——「パソコンを好む人は，アニメの絵柄のようなキャラクターを好み，そうしたキャラクターが登場するアニメやゲーム，ガレージキットも愛好する傾向がある」（森川 2003: 70）——が秋葉原の変化をもたらしたのだという。森川は，「官」主導の新宿，「民」主導の渋谷と対比して，秋葉原を「個」（人の趣味嗜好）主導で発展した街として，その特異性を際立たせているが，北田は90年代以降に「情報アーカイブ化」した渋谷も，サブカルチャー的なものや情報が「相対的に多く」集まっているという点で秋葉原と共通性があると指摘している（北田 2002 → 2011: 154）。

2–2　分析課題

　以上，都市空間と消費文化の関連についての研究を概観してきた。先行研究の議論は広範囲に渡るが，各時代の都市の機能（舞台性から脱舞台性へ），およびそこに集まる人びとがおこなっていた文化実践の内実（物語消費による差異化・自己表現からデータベース消費へ）を明らかにすることを目的としていた。そして，そこで分析対象とされていた都市に集まる人びととは，明示的であれ非明示的であれ，「若者たち」だったのである。さらに，彼・彼女らが集まる都市とは，新宿，渋谷，秋葉原といった，大都市内におけるターミナル駅・繁華街，すなわち「都心」だったのである。そのような意味で，ここで見たような社会学的な都市論は，「都心に集まる若者たち」の研究であったと言えるだろう。ここでは若年層の都心志向の規定要因は何かという本章の問題関心に引きつけて，先行研究の議論から2つの仮説の抽出をおこない，分析課題として提示したい。

　まず「80年代的都市論」で議論されていたような，舞台空間としての都市の機能は，現在においては本当に喪失もしくは後退してしまったのだろうか。

吉見，難波，工藤らの議論は，1970年代以降の渋谷に代表されるような都市空間が持つ，若者たちが自分たちを差異化し自己表現をするための舞台としての機能に着目していた。こうした都市の機能は，90年代以降の「脱舞台化」を経た現在においてもなお一定の有効性があるように思われる。たとえば，南後（2016）は，2000年から10年代にかけて，渋谷スクランブル交差点が，外国人観光客の増加，日韓サッカーW杯やハロウィンといったイベントの開催によって，再び「見る・見られる」場所として注目を集めている事態を「再舞台化」と呼んでいる。本章では，現代の都市においても，こうした「舞台性」の機能が存在しているのかどうかを検証するために，吉見らが指摘したようなファッションを通した差異化や自己表現に親和性が高い者の方が，「都心志向」の傾向が高まるとする「舞台性仮説」を設定する。[2]

　次に「ゼロ年代都市論」において，北田や森川が指摘していた「情報アーカイブ」としての都市の機能もやはり.2010年代の今日においてもなお，依然として有効であるように思われる。むしろ，北田によれば，「脱舞台化」「情報アーカイブ化」した都市は，「ケータイ・コミュニケーション」の「素材（ネタ）」にすぎなくなったとされ（北田 2002→2011: 164-166），そうした傾向はスマートフォンとSNSの普及した現代の都市空間においてより高まっていると言えるだろう。北田らの議論は，明示的に若者のファッション文化を分析対象としてはいなかったが，北田はファッションビルであるパルコの空間戦略に，森川も「趣都」となった秋葉原と比較して渋谷のファッションビルに着目していた。「情報アーカイブ」としての都市の機能もまずはファッションに着目して検証することが得策であるように思われる。本章ではことさらファッションを通した差異化や自己表現を求めておらず，単にファッションに関するモノや情報を求めている者の方が，「都心志向」の傾向が高まるとする「脱舞台性仮説」を設定する。

　以上を踏まえて，本章の分析課題は，「地元志向」が高まりつつあるとされる現代の，特に都市部に居住する若者を対象に，こうした社会学的な都市論に基づいた「舞台性仮説」と「脱舞台性仮説」のどちらが，より彼・彼女らの「都心志向」を高めているのか解明することとする。

3-1　分析データの概要

　以上を踏まえて，本節では 1 項で触れた東京都練馬区の若年層を対象とした質問紙調査（以下，「本調査」と記載）を用いて，都市部に居住する若年層の「都心志向」を規定している要因について分析をおこなっていく（**表 3-3**）。本調査が対象としたエリアは東京 23 区の北西部に位置する練馬区である。都心近郊に居住する若年層の生活実態を把握するために練馬区を選択した理由としては以下のような特徴が挙げられる。2010 年の国勢調査によれば，まず，練馬区は，夜間人口が 23 区中第 2 位で，若年層の人口も比較的多く，都心に隣接した「郊外」的な性格を持ったエリアと位置付けることができる。また，暮らし向きについては中流家庭が多く，学歴も特別区全体の平均に近い傾向が見て取れる。こうした特徴から，練馬区は都心近郊に居住する若年層の生活実態を捉えるには適した地域と考えられる。次に，公共交通機関の状況については，練馬区は都心部の JR 山手線から複数の路線が放射状に伸びており，北から東武東上線，西武池袋線，西武新宿線などが敷設されている。地下鉄は東京メトロ有楽町線，都営大江戸線などが敷設されている。この他，鉄道の各駅を南北に結ぶようにして，関東バス，西武バス等の路線が伸びており，都心部のターミナ

表 3-3　調査概要

調査名	「若者文化とコミュニケーションについてのアンケート」調査
調査主体	北田暁大研究室（東京大学大学院）
実査委託機関	サーベイリサーチセンター
調査対象地域	東京都練馬区
調査対象	東京都練馬区の住民基本台帳に掲載されている，1988 年 1 月 1 日から 1990 年 12 月 31 日までに出生した者（調査時点で 19〜22 歳）
標本数	2000
抽出方法	系統抽出法
実施期間	2010 年 12 月 1 日に発送し，同 22 日までに投函を依頼
有効数	647（回収率 32.6%）

ル駅へのアクセスは良好なエリアといえる。

　次に分析データの特性を確認するために，基本統計量を以下に示す（**表3-4**）。確認しておきたい点は2点である。第1に，回答者の性別について男性が39.9%であるのに対し，女性が59.7%と女性の方が多い点が挙げられる。第2に，回答者の現在の仕事について，学生が76.7%と多数を占めていることが挙げられる。以上のことから本調査の回答者の特性は，東京23区の中でも

表3-4　分析データの基本統計量

		N	%
現在の年齢	19歳	13	2.0
	20歳	191	29.5
	21歳	233	36.0
	22歳	210	32.5
性別	男性	258	39.9
	女性	386	59.7
実家の暮らし向き	上	57	8.8
	中の上	245	37.9
	中の中	239	36.9
	中の下	76	11.7
	下	27	4.2
現在の仕事	学生	496	76.7
	常勤の会社員・団体職員	46	7.1
	公務員	11	1.7
	契約社員・嘱託	2	0.3
	派遣社員	1	0.2
	パート・アルバイト	50	7.7
	自営業主・家事手伝い	3	0.5
	自由業者	3	0.5
	専業主婦（主夫）	1	0.2
	無職	12	1.9
	その他	7	1.1
最終学歴	中学校	3	0.5
	高校	26	4.0
	専門学校・各種学校	33	5.1
	短大	13	2.0
	高専	2	0.3
	大学	458	70.8
	大学院	4	0.6
	その他	2	0.3

比較的に居住地域としての機能に特化した区で生活する女性の大学生が中心を
占めている点とまとめることができる。[3]

3-2　変数の説明
説明変数の説明
　本項では，次節で「都心志向」「地元志向」を目的変数とした多変量解析を
おこなうことを想定して，分析のターゲットとなる変数の説明をおこなう。ま
ず説明変数については，統制変数として，「性別」「年齢」「最終学歴」（「中学・
高校」を基準とした「専門・短大・高専」「大学・大学院」のダミー変数）「就業有無」
「練馬出生」（練馬生まれの場合は1のダミー変数）「実家の暮らし向き」（「上」「中の
上」「中の中」「中の下」「下」の5件法）「可処分所得」を用いる。この中で注目す
べきは「性別」「練馬出生」である。「性別」については，**表3-4**の基本統計量
で確認したように，本調査データは女性の方が多く回答している。2節で検討
した若者文化を扱った先行研究において，しばしば男女によって異なる文化の
報告がなされており，分析に統制をかける上で重要である。「練馬出生」につ
いては，一般的な仮説として居住地域で出生したことは「地元志向」を高める
効果があることが想定される。
　次に分析課題に対応した説明変数としてはファッションに関する志向性の項
目を用いることとする。具体的には，「ファッションは自分にとって自己表現
である」「つねに流行のファッションをチェックしたい」といった計16項目で
ある。「舞台性仮説」「脱舞台性仮説」との対応については，次節の分析パート
の中で述べる。
目的変数の説明
　次に目的変数については，本章の主たる対象である「都心志向」「地元志向」
を設定する。本調査では「都心志向」を尋ねる質問として「地元（いま住んでい
る地域）よりも，都心（池袋・新宿・渋谷など）の方が好きだ」を作成している。
回答形式は，「あてはまる」「ややあてはまる」「あまりあてはまらない」「あて
はまらない」の4件法である。1節の**表3-2**で見たように，これを見ると「あ
てはまる」と「ややあてはまる」を合わせた割合が39.1%，「あまりあてはま
らない」と「あてはまらない」を合わせた割合が59.2%と，やや「あてはま

らない」よりではあるが，ヒストグラムを作成すると正規分布に近い傾向を示していた。

　以上のことから，本章では目的変数として，「地元（いま住んでいる地域）よりも，都心（池袋・新宿・渋谷など）の方が好きだ」質問を採用する。分析の際は，「あてはまる」と「ややあてはまる」を「都心志向」として「1」，「あまりあてはまらない」と「あてはまらない」を「地元志向」として「0」とした，「都心志向ダミー」変数を作成して用いることにする。

4 「都心志向」の若者たちの実態とその規定要因

4-1 「都心志向」の若者が遊びに行く駅

　多変量解析に入る前に，「都心志向」に関する基礎的な集計をいくつか確認しておこう。**表3-5**では練馬区からアクセスできる主要ターミナル駅へ遊びに行く頻度を尋ねている。「週に1回程度」以上を頻繁に行っているとすると，

表3-5　都心（池袋・新宿・渋谷など）に遊びに行く頻度

		N	%
遊びに行く頻度・新宿	ほぼ毎日	21	3.2
	週に数回程度	62	9.6
	週に1回程度	103	15.9
	月に1回程度	225	34.8
	数ヶ月に1回程度	159	24.6
	まったく行かない	69	10.7
遊びに行く頻度・渋谷	ほぼ毎日	7	1.1
	週に数回程度	26	4.0
	週に1回程度	64	9.9
	月に1回程度	158	24.4
	数ヶ月に1回程度	218	33.7
	まったく行かない	165	25.5
遊びに行く頻度・池袋	ほぼ毎日	77	11.9
	週に数回程度	125	19.3
	週に1回程度	124	19.2
	月に1回程度	171	26.4
	数ヶ月に1回程度	102	15.8
	まったく行かない	40	6.2

表 3-6　都心志向ダミー×都心に遊びに行く頻度

		まったく行かない	数か月に1回程度	月に1回程度	週に1回程度	週に数回程度	ほぼ毎日	合計	
新宿	地元志向	50 13.3%	110 29.3%	138 36.7%	47 12.5%	24 6.4%	7 1.9%	376 100.0%	**
	都心志向	18 7.1%	47 18.6%	83 32.8%	54 21.3%	37 14.6%	14 5.5%	253 100.0%	
渋谷	地元志向	124 33.0%	138 36.7%	75 19.9%	28 7.4%	9 2.4%	2 0.5%	376 100.0%	**
	都心志向	39 15.5%	77 30.6%	79 31.3%	36 14.3%	16 6.3%	5 2.0%	252 100.0%	
池袋	地元志向	28 7.4%	71 18.8%	107 28.4%	73 19.4%	67 17.8%	31 8.2%	377 100.0%	**
	都心志向	12 4.8%	31 12.4%	60 23.9%	49 19.5%	53 21.1%	46 18.3%	251 100.0%	

注：有意水準の記号は，＊ = p＜.05，＊＊ = p＜.01（以下同様）。

池袋が 50.4%，新宿が 28.7%，渋谷が 15.0% と，やはり地理的に最も近い豊島区に位置する池袋に遊びに行く頻度が高いことが分かる。その一方で新宿と渋谷はそれぞれ「月に 1 回程度」と「数か月に 1 回程度」を合わせると約半数に達している。また 3 つの駅それぞれで「まったく行かない」とする回答も一定数存在する。たとえ東京 23 区内という好立地に居住していても，ターミナル駅にはほとんど遊びに行かず，居住地を中心とした限定的な生活圏で行動している若年層が一定数いることがうかがえる。この都心に遊びに行く頻度と，「都心志向ダミー」をクロスした表が**表 3-6** である。これを見ると，3 つの駅すべてで統計的に有意な結果が出ており，「都心志向」の人ほど遊びに行く頻度が高いということが分かる。「地元よりも，都心の方が好き」という愛着を示している若年層は，実際に都心に遊びに行っているのである。

4-2 「都心志向」と消費文化の関連
「趣味選択」と「都心志向」の関連

次に「都心志向」と関連があると見られる変数の関係について見ていこう。最初にどのような趣味を持つ者が「都心志向」の傾向が高まるのかについて確

認する。本調査では，「あなたはどのような趣味をおもちですか」という質問文で，「音楽鑑賞・オーディオ」「映画や演劇鑑賞」「マンガ」「アニメ」「ゲーム」「国内旅行」といった計20の趣味について尋ねている[4]。これらの「趣味選択」と「都心志向」のクロス集計をおこなった結果，5％水準で統計的に有意な結果が出たのは「小説の読書」「ショッピング」「海外旅行」「ファッション」の4項目のみで，「都心志向」にプラスの効果を与えているのは「ショッピング」「海外旅行」「ファッション」の3項目のみであった（表3-7〜3-9）。「ショッピング」が実際に街に出ておこなわれることが想定され，「海外旅行」につ

表3-7　趣味：ショッピング×都心志向

		地元志向	都心志向	合計 **
趣味／ショッピング	選択なし	220 68.3%	102 31.7%	322 100.0%
	選択あり	160 51.9%	148 48.1%	308 100.0%
合計		380 60.3%	250 39.7%	630 100.0%

表3-8　趣味：海外旅行×都心志向

		地元志向	都心志向	合計 **
趣味／海外旅行	選択なし	323 63.0%	190 37.0%	513 100.0%
	選択あり	57 48.7%	60 51.3%	117 100.0%
合計		380 60.3%	250 39.7%	630 100.0%

表3-9　趣味：ファッション×都心志向

		地元志向	都心志向	合計 **
趣味／ファッション	選択なし	242 67.0%	119 33.0%	361 100.0%
	選択あり	138 51.3%	131 48.7%	269 100.0%
合計		380 60.3%	250 39.7%	630 100.0%

いては単純に活動的な人は街にもよく遊びに行くことが想定される一方,「ファッション」が「都心志向」にプラスの効果を持つというのは興味深い結果と言えるだろう。ファッションを「楽しむ」のも「購入する」のも「地元」(生活空間)でおこなうことができるようになったと指摘されている現在においてもなお,それを趣味と答える人は「地元」よりも「都心」を好む傾向が相対的に強いのである。

その一方で,「マンガ」「アニメ」「ゲーム」といったいわゆる「おたく文化」「ACG文化」の趣味が「都心志向」と有意な関連を示さなかったのは,これも興味深い結果と言えるだろう。先行研究では,おたく趣味の人びとが集まることによって秋葉原が「趣都」に変容したという主張がなされていたが,少なくとも本調査のデータではそうした結果は見られなかった。これが,分析データの限界によるものなのか,秋葉原に対する,新宿・渋谷・池袋の都市機能の違いによるものなのか,もしくはそれ以外の要因によるものなのかについては,更なる調査が求められる。

「性別」と「都心志向」の関連

前項で「都心志向」と有意な関連のあった「ショッピング」「海外旅行」「ファッション」は興味深いことに,「性別」との関連を見るとすべて女性の方が選択率の高い趣味であった。ここから,女性の方が「都心志向」の傾向が強い可能性がうかがえる。表3-10は「性別」と「都心志向」のクロス集計の結果である。女性の方が男性よりも約10%「都心志向」の選択率が高く,統計的にも5%水準で有意であった。そのため,これらの趣味と「都心志向」の関連は,性別の効果に還元できる可能性がある。この点については,後の多変量解析で検証することにしよう。

表3-10　性別×都心志向

	地元志向	都心志向	合計　　*
女性	213 56.3%	165 43.7%	378 100.0%
男性	168 65.9%	87 34.1%	255 100.0%
合計	381 60.2%	252 39.8%	633 100.0%

「ファッションの志向性」と「都心志向」の関連

次に「ファッション」趣味の選択と「都心志向」の関連について更に掘り下げるために、「ファッションの志向性」項目を取り上げたい。本調査では、「ファッションは自分にとって自己表現である」「つねに流行のファッションをチェックしたい」など、先行研究を踏まえたうえで重要と思われる項目を計16個尋ねている。これらと「都心志向」のクロス集計をおこなった結果、「都心志向」に有意にプラスの効果を持っていた項目は、「つねに流行のファッションをチェックしたい」「ファッションが他の人とかぶらないようにしている」「ファッションを選ぶ時は、友だち以外の同性の目をとくに意識する」「出かける場所や相手によってファッションを変える」「ブランドにこだわる」「ファッションはわたしにとって自己表現である」の6項目であった。

これらの中で本章が着目したいのは、「つねに流行のファッションをチェックしたい」「ファッションが他の人とかぶらないようにしている」「ブランドにこだわる」「ファッションはわたしにとって自己表現である」の4項目（**表3-11〜3-14**）である。この4つを用いて、分析課題で設定した2つの仮説を検証することとしたい。

第1に「舞台性仮説」については、都市を「舞台」として捉えて、そこでファッションを通した他者との差異化やアイデンティティの表現をおこなう者の方が「都心志向」が高まるとするものであった。工藤はこうした80年代的なファッション観を分節化し、他者との差異化志向を「ファッションが他の人とかぶらないようにしている」で、アイデンティティの表現志向を「ファッションはわたしにとって自己表現である」で測定することを試みている（工藤2017: 219）。本章もこれに倣い、「舞台性仮説」をこの2項目を説明変数として用いることで検証することにする。

第2に「脱舞台性仮説」については、都市を「舞台」としては捉えず、ことさらファッションを通した差異化や自己表現も求めておらず、単にモノや情報を求めている者の方が「都心志向」が高まるとするものであった。「情報アーカイブ」としての都市が持つファッションに関するモノや情報にはさまざまなものが考えられるが、最新の流行に関する情報や豊富なブランド・ショップ等がまずは挙げられるだろう。本章では「脱舞台性仮説」を「つねに流行のファ

表3-11 ファッションかぶらない×都心志向

		地元志向	都心志向	合計	*
Q7-03. ファッションが他の人とかぶらないようにしている	あてはまる	70 49.6%	71 50.4%	141 100.0%	
	ややあてはまる	126 60.3%	83 39.7%	209 100.0%	
	あまりあてはまらない	132 62.9%	78 37.1%	210 100.0%	
	あてはまらない	53 71.6%	21 28.4%	74 100.0%	
合計		381 60.1%	253 39.9%	634 100.0%	

表3-12 ファッションは自己表現×都心志向

		地元志向	都心志向	合計	**
Q7-12. ファッションはわたしにとって自己表現である	あてはまる	48 42.9%	64 57.1%	112 100.0%	
	ややあてはまる	103 58.2%	74 41.8%	177 100.0%	
	あまりあてはまらない	142 65.1%	76 34.9%	218 100.0%	
	あてはまらない	87 69.0%	39 31.0%	126 100.0%	
合計		380 60.0%	253 40.0%	633 100.0%	

表3-13 流行のファッション×都心志向

		地元志向	都心志向	合計	**
Q7-01. つねに流行のファッションをチェックしたい	あてはまる	40 38.5%	64 61.5%	104 100.0%	
	ややあてはまる	100 53.2%	88 46.8%	188 100.0%	
	あまりあてはまらない	130 66.3%	66 33.7%	196 100.0%	
	あてはまらない	112 76.2%	35 23.8%	147 100.0%	
合計		382 60.2%	253 39.8%	635 100.0%	

表 3-14　ブランドにこだわる×都心志向

		地元志向	都心志向	合計　**
Q7-11. ブランドにこだわる	あてはまる	19 40.4%	28 59.6%	47 100.0%
	ややあてはまる	70 56.5%	54 43.5%	124 100.0%
	あまりあてはまらない	106 54.9%	87 45.1%	193 100.0%
	あてはまらない	187 69.0%	84 31.0%	271 100.0%
合計		382 60.2%	253 39.8%	635 100.0%

ッションをチェックしたい」と「ブランドにこだわる」の2項目を説明変数として用いることで検証することにする。

4-3 「都心志向」の規定要因の把握

　以上のことをふまえて，都市部に居住する若年層の「地元志向」及び「都心志向」の規定要因を明らかにするために，「都心志向ダミー」を目的変数にした二項ロジスティック回帰分析をおこなう。変数については 3-2 で述べた統制変数に加えて，モデル1では「舞台性仮説」に関する項目を，モデル2では「脱舞台性仮説」に関する項目を投入している（表3-15）。

　モデル1の「舞台性仮説」では，まず「練馬出生」のみ「都心志向」に有意にマイナス，すなわち「地元志向」にプラスの効果を与えており，「出身地には愛着を持ちやすい」という常識的な結果と言える。次に「舞台性仮説」として投入した2項目については，「ファッションが他の人とかぶらないようにしている」では統計的に有意な関連は見られず，「ファッションはわたしにとって自己表現である」のみ「都心志向」にプラスの効果を与えていることが分かる。

　次にモデル2について見てみよう。統制変数では「練馬出生」が「都心志向」に有意にマイナスの影響を与えている点は変わらず，新たに「年齢」が「都心志向」に有意にマイナスの影響を与えていることが分かる。「脱舞台性仮

表 3-15　都心志向ダミーを目的変数にした二項ロジスティック回帰分析

	モデル 1				モデル 2			
	B	標準誤差	Wald	有意確率	B	標準誤差	Wald	有意確率
性別（男性ダミー）	-0.31	0.20	2.41	0.12	-0.08	0.21	0.13	0.72
現在の年齢	-0.23	0.12	3.84	0.05	-0.25	0.12	4.44	0.04
専門・短大・高専ダミー	0.76	0.60	1.61	0.20	0.69	0.63	1.20	0.27
大学・大学院ダミー	1.03	0.59	3.06	0.08	0.90	0.63	2.06	0.15
就業有無	0.75	0.53	1.97	0.16	0.64	0.55	1.33	0.25
練馬出生ダミー	-0.70	0.19	12.85	0.00	-0.75	0.20	13.89	0.00
実家の暮らし向き（逆転）	0.02	0.11	0.02	0.88	0.01	0.11	0.01	0.94
1ヶ月あたりの可処分所得	0.00	0.00	0.19	0.66	0.00	0.00	0.15	0.70
ファッションが他の人とかぶらないようにしている（逆転）	0.13	0.11	1.38	0.24	0.05	0.12	0.16	0.69
ファッションはわたしにとって自己表現である（逆転）	0.33	0.10	10.04	0.00	0.11	0.12	0.95	0.33
つねに流行のファッションをチェックしたい（逆転）					0.57	0.12	23.74	0.00
ブランドにこだわる（逆転）					0.21	0.11	3.50	0.06
定数	2.50	2.45	1.05	0.31	2.22	2.53	0.77	0.38
x2 乗値			42.74				74.16	
Nagelkerke R2 乗			0.11				0.18	
N			513				513	

注：5％水準で統計的に有意な箇所には網かけをしている。

説」として投入した 2 項目については，「つねに流行のファッションをチェックしたい」のみ，「都心志向」にプラスの影響を与えていることが分かる（「ブランドにこだわる」も 10％水準では有意な結果が出ている）。そして，これに伴い，「舞台性仮説」の「ファッションはわたしにとって自己表現である」の効果が消えていることが分かる。

　分析結果を素直に解釈するのであれば，「都心志向」の規定要因としては「舞台性仮説」よりも「脱舞台性仮説」の方が支持されると言えるだろう。「ファッションはわたしにとって自己表現である」の「都心志向」への効果は，「つねに流行のファッションをチェックしたい」の「都心志向」への効果に還元されるものと言える。あるいは「つねに流行のファッションをチェックしたい」の「都心志向」への効果は，「ファッションはわたしにとって自己表現で

ある」の「都心志向」への効果を媒介しているとも言えるかもしれない。この点については，更なる調査・分析が求められるが，ここでは仮説的な解釈として，先述したスマートフォン・SNS の普及と「素材としての都市」の更なる拡大を指摘しておきたい。

繰り返しになるが，北田によれば，90 年代当時のメールを中心としていた「ケータイ・コミュニケーション」は，80 年代的な閉鎖的物語空間（舞台）に絶えず外部を持ち込むことによって，その失効を余儀なくさせ，結果として，都市を「ケータイ・コミュニケーション」の「素材」にすぎないものにしてしまったという（北田 2002 → 2011: 164-166）。この携帯電話の「素材としての都市」という側面は，スマートフォンと SNS が普及した 2010 年代において更なる高まりを見せていると言える。しかし重要なのは，「ケータイ・コミュニケーション」の内実の変化である。

スマートフォンと SNS を介したコミュニケーションについてはさまざまな指摘がされているが，ここであえて単純化すれば，① スマートフォンの高機能化による撮影写真の画質向上とそれを送受信するためのネットワークの高速化，② SNS 上での「いいね」に代表されるような数量的な「承認」による自己実現，の 2 点が特徴として挙げられるだろう。これらの条件により，スマートフォンで都市空間の中のさまざまなモノや情報（本章の事例では，「流行のファッション」）を「素材」として撮影もしくはテキスト化して送受信して共有することが，そのまま SNS 上で「いいね」を集めるための自己表現として機能するようになっている。言い換えれば，2010 年代のスマートフォンと SNS を介したコミュニケーションにおいては，「情報アーカイブ」として都市空間を消費することそれ自体が，各々の文脈において局所的に物語空間（舞台）を構築し，自分自身を演出・表現することにつながっていると考えられるのである。

5 おわりに

本章では，都市部に居住する若年層にも「地元志向」が広まりつつある現代において，それでもなお「都心志向」を持つ若者にはどのような特徴があるのかという問いのもと，分析をおこなってきた。その際，先行する都市論・若者

文化論の成果を踏まえて，若者のファッション文化に着目した。分析の結果，決して少なくない数の若者が依然として「都心志向」を維持していることが確認できた。また数ある趣味文化の中でも，「ショッピング」「海外旅行」「ファッション」といった趣味が「都心志向」と関連を持つことが分かった。単に「マニア」や「おたく」であればどのような趣味でも「都心志向」に結びつくわけではなく，主に女性が選択する傾向が強いこれら3つの趣味が「都心志向」に効果を与えていたのである。さらに「都心志向」を規定している要因としては，都市を，ファッションを通した差異化・自己表現の場と捉える「舞台性仮説」よりも，流行やブランドなどが集積した「情報アーカイブ」と捉える「脱舞台性仮説」の方が支持された。

　しかしながら，先行する都市論も踏まえてこの結果を解釈すると，「舞台性」が「情報アーカイブ」に完全に取って代わられたというよりも，スマートフォン・SNS の普及による都市空間の「素材」化を通した自己表現の「舞台」という，新たな「舞台性」が台頭しているように思われる。また，こうした「再舞台化」の動きは，2000 年代以降の東京における大規模な都市開発に見出すこともできるだろう。02 年の丸ビルと汐留シオサイト，03 年の六本木ヒルズ，07 年の東京ミッドタウンと新丸ビル，12 年の渋谷ヒカリエ，19 年の渋谷スクランブルスクエアといったスポットは，東京ディズニーランドのような外部から隔絶された閉鎖的な舞台でもなく，ヴィーナスフォートのような「アイロニカルな受け手」を想定した「うさん臭い舞台」（北田 2002 → 2011: 102-108）でもない，独特の審美的な様相を呈している。それらは，スマートフォンで絶えず外部へと接続されるためのモノや情報が集積した「情報アーカイブ」であるとともに，SNS 上での自己表現にも結び付いた，ハイブリッドな舞台装置と呼ぶことができるだろう。

　本章が対象とした東京都練馬区は，公共交通機関を使えば，主要ターミナル駅のいずれかには 30 分前後で到着できる地域である。彼／彼女たちは，「地方」や「郊外」に住む若者とは異なり，都心部に出ようと思えばすぐに出られる所に居住している。多大な移動コストを払うことを避けるために居住地から「5 km 四方」の地域における消費生活で満足する必要はない。こうした地域における若年層の場所意識には必然的に「地方」や「郊外」の若年層のそれと

は異なるリアリティーが存在すると思われる。「自分が住んでいる地域やインターネットで欲しいモノや情報の多くが手に入る現代社会において，"それでもなお"，電車で数駅の都心に行くことの方が好き」という都市部の若者たちが持つ場所意識の内実を，われわれは今後も注視していく必要がある。

　最後に，本章では東京都練馬区という特定の地域に居住する若年層の「都心志向」の規定要因を明らかにする所に留まるものであった。それゆえに，今後は他の地域の若年層も含めた比較研究が求められる。

■ 注

1 ）「地元志向」という言葉は，全国紙のデータベースで傾向を見てみると，1980〜90 年代に用いられ始め，主に若年層の進学や就職の傾向を指す言葉として用いられていた。2000 年代以降になると，そうした用法に加えて，消費をおこなう場所，友人と遊ぶ場所などの文化的な側面においても用いられるようになってきた。

2 ）ただし南後は注意深く，渋谷スクランブル交差点の「再舞台化」は，1970〜80 年代のパルコに象徴されるような，特定企業によって演出された舞台装置を条件とした舞台化とは異なり，交差点を行きかう群衆の「量」を許容する空間的「規模」を条件とした，「情報アーカイブ化」に「接ぎ木」されるような舞台化である点を強調している（南後 2016: 130-131）。また，田中（2017）も，渋谷スクランブル交差点における群衆行動を，予めファッションやアイデンティティの「上演」が企図されたイベントではなく，「谷底」になっている地形，駅と路線の集積，ディスプレイとカメラの集積といった「インフラ」の条件による偶発的・事後的な現象であると指摘している（田中 2017: 54-56）。2010 年代の「再舞台化」と 80 年代の「舞台化」を腑分けする作業が求められている。

3 ）その他，各質問項目の基礎集計については，北田ほか（2013）を参照されたい。また同調査をもとにした研究論文の成果については，北田・解体研（2017）を参照されたい。

4 ）このほか，「その他」「趣味はない」の選択肢もある。

■ 参考文献

阿部真大（2013）『地方にこもる若者たち——都会と田舎の間に出現した新しい社会』朝日新聞出版.

原田曜平（2014）『ヤンキー経済——消費の主役・新保守層の正体』幻冬舎.

北田暁大・解体研編（2017）『社会にとって趣味とは何か——文化社会学の方法規準』河出書房新社.

北田暁大・新藤雄介・工藤雅人・岡澤康浩・團康晃・寺地幹人・小川豊武（2013）「若者のサブカルチャー実践とコミュニケーション——2010 年練馬区『若者文化とコミュニケーションについてのアンケート』調査」『東京大学大学院情報学環情報学研究　調査研究編』29，105-153.

北田暁大（2002 → 2011）『増補　広告都市・東京——その誕生と死』筑摩書房.

工藤雅人（2017）「『差別化という悪夢』から目ざめることはできるか？」北田暁大・解体研編『社会にとって趣味とは何か——文化社会学の方法規準』河出書房新社，205-229.

三浦展（2004）『ファスト風土化する日本——郊外化とその病理』洋泉社.

南後由和（2016）「商業施設に埋蔵された『日本的広場』の行方——新宿西口地下広場から渋谷ス
　　クランブル交差点まで」三浦展・藤村龍至・南後由和『商業空間は何の夢を見たか——1960〜
　　2010 年代の都市と建築』平凡社，67-166.
田中大介（2017）「道路・交差点——進み / 止まる」田中大介編『ネットワークシティ——現代イ
　　ンフラの社会学』北樹出版，40-59.
近森高明（2013）「無印都市とは何か？」近森高明・工藤保則編『無印都市の社会学——どこにで
　　もある日常空間をフィールドワークする』法律文化社，2-21.
吉見俊哉（1987 → 2008）『都市のドラマトゥルギー』河出書房新社.

空間としての地元，社会関係としての地元

知念　渉

　ヤンキーはどのように大人になっていくのか。この問いを明らかにしようと思った私は，大阪府X区にある公立高校でフィールドワークをおこなって，〈ヤンチャな子ら〉と呼ばれる男子生徒たちを追跡してきた（詳しくは知念［2018］を参照）。まずは，〈ヤンチャな子ら〉のなかから，2人の若者の職業生活の一端を紹介しよう。

カズヤ──「地元のツレのオカン」

　カズヤはX区で生まれ育った。カズヤの親もまたX区で生まれ育っているため，X区には親の知り合いや友人が多く，カズヤの「幼なじみ」の親がカズヤの親と同級生だったりする。そのような緊密な関係性のなかで育ったカズヤは，中学校に入ると〈ヤンチャ〉をするようになった。高校に進学したが，高二のときに彼女が妊娠をしたことをきっかけに中退。その後，ハローワークにいって仕事を探すものの，高校を中退したカズヤが応募できる仕事はほとんどなかった。そんな困っているときに，「地元のツレのオカン」が，近所の工場を紹介してくれて，そこで働くようになった。それから5年近く経った今でもカズヤはその工場で働き続けている。

コウジ──「求人サイト」，「店長」，「好きな子」

　小さい頃から家庭の事情で住まいを転々としていたコウジは，小学校高学年になってX区に引っ越してきた。小学校にはほとんどいってなかったが，中学校に入ると〈ヤンチャな子ら〉とのつながりができて学校にも通うようになった。高校には入学できたものの，高校入学2年目（留年したので学年は高一）に家庭の事情から高校を休みがちになる。ちょうどその頃，すでに現場仕事をしていた兄の影響もあって，求人サイトを手がかりに現場仕事をはじめた。そして，現場仕事の同僚と飲みに行った居酒屋で，そこの店長と意気投合して，その居酒屋でも働くことになった。昼は現場仕事，夜は居酒屋という過酷な生活を3ヶ月ほど続けたが，その後，「夜の仕事」をしている「好きな子」とのつながりで，それらの仕事を辞めて，夜の仕事をするようになった。

　この2人を紹介したのは，〈ヤンチャな子ら〉が仕事に就いていく典型的な2つのパターンをそれぞれ示しているからだ。ひとつは，「親戚」や「幼なじみ」

92

といった長年かけて培った社会関係を通じて工場労働などに就いていくパターンで，もうひとつは，居酒屋でたまたま出会った人のように即興的な社会関係を通じて夜の仕事等（キャッチやホスト，風俗店）のより不安定な仕事に就いていくパターンである。

そして，カズヤとコウジを対比するとわかるように，その2つの道のどちらを歩むことになるのかは，「地元」の社会関係に大きく規定されていた。2人とも高校中退という条件は同じであるにもかかわらず，カズヤの場合は，小さい頃から培った社会関係を活かして比較的安定した仕事に就いた一方，住まいを転々とするなかでX区にたどり着いたコウジにはそうしたつながりがなく，即興的な関係をつたって仕事を転々としていくしかない。一緒に学校生活を過ごしていた〈ヤンチャな子ら〉でも，地元に根づくつながりがあるか否かによって，どのような経路でどのような仕事に就いていくかが異なってくるのだ。

大阪のなかでもX区は，繁華街に近い一方で中小企業や小売店がひしめく地域であり，空間的には繁華街の夜シゴトにも工場労働にもアクセスしやすい場所である。しかし，どちらの仕事群に就くかは，その若者が地元のつながりを豊富にもっているかどうかに関わっている。この2人の生活史が示すように，「場所」という視点から若者の生活を捉える際には，物理的空間（場所）だけでなく，そこで営まれている人びととのつながり（社会関係）の両方を視野に収めることが重要になるだろう。

📑 **参考文献**

知念渉（2018）『〈ヤンチャな子ら〉のエスノグラフィー——ヤンキーの生活世界を描き出す』青弓社.

若者と「地元」定義

寺地幹人

　若者の「地元志向」は，2000年代以前から進学や就職の問題に関連づけて語られてきたが，2000年代以降は，消費や人間関係の文脈からも注目されるようになっている（新谷 2007; 三浦 2010 など）。だが，若者にとっての「地元」とは一体どのようなところを意味するのだろうか。阿部真大（2013: 34）はそれを「その人の生まれ育った場所」という意味で用いるとし，原田曜平（2014: 21-22）はもう少し具体的に「ここで言う地元とは，生まれ育った地域のことです。県単位・市単位のように広いエリアではなく，5km四方の小学校の学区程度を想像してください」と述べている。一方，鈴木謙介（2008: 211）は「ジモト」という片仮名表記を用いているが，もう少し抽象的に「自分の帰属先」だと述べている。

　　ジモトは自分の出身地を指すこともあるし，友人とよくつるんで遊ぶ街を指すこともある。そこでのジモトの根拠となるのは，地理的な境界というよりは，ある領域の中で培われた関係に基礎づけられた「物語」の位相であり，そして常に生きられることによってしか確認されないような，理念的なものである。……自分を受け入れてくれる人間関係の中で生きられることによって可能になるジモトは，……酷薄な競争を強いる外の世界に対して挑戦するための足場であり，そこで敗れたときにも自分を迎え入れてくれる「帰るべき場所」である。（鈴木 2008: 211）

　鈴木の言及は，生まれ育った場所，そこから半径5km四方という，ある程度具体的に測定できる原田の「地元」定義に対して，抽象的な「地元」定義を示している。こうした定義の他の例として，中島ゆり（2017: 6）もまた，大分県内の若者のライフストーリーを収集・分析するなかで，「〈地元〉は活性化させたり，よくしたり，好きだと感じたりする対象ではなく，生まれたときからただそこにあり続けるもので，変化を期待しないもの」という観点を示している。

　このコラムでは，こうした具体的および抽象的な「地元」定義について，青少年研究会2014年調査[1]のデータを用いて考えてみたい。

　同調査では，「あなたが今住んでいる地域は，『地元』と呼べますか」という質問項目があり，回答結果は「はい」が85.3％，「いいえ」が14.7％となっており，約8割5分の回答者が「地元」に住んでいると答えている。これは地元居住に対する自認といえるものだが，本調査では，ある程度具体的な形式でも「地元」と

いえるものについて尋ねている。質問項目でいえば，小学校入学まで，小学校，中学から18歳まで，大学・短大・専門学校在籍時，就職後の5時点それぞれにおいて最も長く住んだ都道府県・市区町村名を記載してもらうものであり，このうち現住市区町村と「中学から18歳まで」[2)]の居住地が一致している者は84.9%，そうでない者は15.1%であった。これもまたほぼ8割5分の回答者があてはまることになる。

しかしながら，**表1**に示したように，この2つの「地元」定義はぴったり重なり合うものではない。居住地を移動せずに過ごした者についてはほとんど重なるのだが，居住地を移動してきた者であっても34.9%が，現住地を「地元」だと考えているのである。

このような，必ずしもそこで育ったわけではない地域が「地元」だとされる自認は一体何によってもたらされているのだろうか。地元自認についての回答と，居住地域に関するいくつかの設問の回答をクロス分析すると，「他の場所とは違う愛着がある」「仲のよい友だちが近くに住んでいる」「共通の趣味を持つ友人が近くに住んでいる」「老後もずっと住み続けたい」「学業や仕事の関係で今住んでいる地域を離れられない」「家の事情で今住んでいる地域を離れられない」の各項目との間に統計的に有意な関連がみられた。これ以外の設問は主に利便性を問うものが多かったのだが，有意な関連がみられたものは，ほぼ関係性に関するものである。生まれ育った場所でなくとも，友人がいる場所を「地元」と呼びうるということは，鈴木が述べる「自分を受け入れてくれる人間関係の中で生きられることによって可能になる」（鈴木 2008: 211）という説明を裏付けるものだろう。

表1　地元居住と現住地に対する地元自認

| | | あなたが今住んでいる地域は，「地元」と呼べますか。 | | |
		はい	いいえ	合計
地元居住者	度数	438	26	464
	行%	94.4%	5.6%	
	調整済み残差	14.1	-14.1	
地元非居住者	度数	29	54	83
	行%	34.9%	65.1%	
	調整済み残差	-14.1	14.1	
合計	度数	467	80	547
	行%	85.4%	14.6%	

χ^2検定：p<0.001／Cramer'V=0.604。
出所：寺地（2017: 50）。

表2 「地元」にあてはまる場所

生まれ育った学区	73.7
生まれ育った市区町村	68.7
生まれ育った都道府県内の地域	24.3
生まれ育った都道府県	20.1
生まれ育った地方	8.5
生まれ育った場所は「地元」ではない	0.7

n＝552

　もう少し広げていえば，今日の若者にとっての「地元」とは，先行研究が述べているように親密な他者の存在に基礎づけられたものであり，かつ生まれ育った地域ではない場合でもそうした他者との関係に関連付けられたその土地への愛着や老後の定住志向によって成り立つものだと考えられる。

　もう一点，「地元」なるものの空間的な範囲についても考えてみたい。調査には「あなたにとって，『地元』とはどのような場所ですか。あてはまるものすべてに○をつけてください。（生まれた場所と育った場所が違う場合は，育った場所をお答えください。）」という質問がある。その回答の選択肢は，「生まれ育った学区（小学校や中学校があった場所とその周辺）」「生まれ育った市区町村」「生まれ育った都道府県内の地域（東京都の場合の多摩，大阪府の場合の北摂・北河内など）」「生まれ育った都道府県」「生まれ育った地方（北海道・東北・関東・中部・近畿・中国・四国・九州など）」「生まれ育った場所は『地元』ではない」の計6つとなっている。

　回答分布（表2）をみると，「生まれ育った市区町村」と「生まれ育った都道府県内の地域」の間に大きな断絶があり，「生まれ育った市区町村」が大まかではあるが，地元の境界線ということになるだろう。市区町村は最も狭い富山県舟橋村（3.47 km²）から最も広い岐阜県高山市（2177.61 km²）まで面積の差が激しく，全国的にみても半径5 km四方という範囲ではない市区町村が圧倒的多数にのぼるが，全国に散らばっている本調査の回答者（若者）はおおむね「生まれ育った市区町村」を地元の境界線とみなしている。このことは，原田がマイルドヤンキーを説明する際に示した「地元」観，すなわち「県単位・市単位のように広いエリアではなく，5 km四方の小学校の学区程度」（原田 2014: 21-22）というのは，空間的な範囲という観点で考えたときにあくまで一部の若者の「地元」観であって，実際の若者の多くはもう少し広く「地元」を捉えている可能性を示唆している。

付記

このコラムは JSPS 科研費 JP16K13408 の助成を受けたものです。

■ 注

1）調査については，本書「はしがき」の注記，およびそこで紹介されている調査報告書や青少年研究会のホームページを参照。
2）寺地（2017）で説明しているとおり，高校卒業時は進学・就職に伴う地域移動を経験する可能性が高いこと，高卒後に進学か就職かという点で生き方が分岐するポイントの直前であることから，「中学から18歳まで」という区分を「生まれ育った」と設定する。

📋 参考文献

阿部真大（2013）『地方にこもる若者たち——都会と田舎の間に出現した新しい社会』朝日新聞出版.

新谷周平（2007）「ストリートダンスと地元つながり——若者はなぜストリートにいるのか」本田由紀編『若者の労働と生活世界——彼らはどんな現実を生きているか』大月書店，221-252.

原田曜平（2014）『ヤンキー経済——消費社会の主役・新保守層の正体』幻冬舎.

三浦展（2010）『ニッポン若者論——よさこい，キャバクラ，地元志向』筑摩書房.

中島ゆり（2017）「〈地元〉に住む若者たち——大分の町を事例として」第90回日本社会学会大会報告原稿.

鈴木謙介（2008）『サブカル・ニッポンの新自由主義——既得権批判が若者を追い込む』筑摩書房.

寺地幹人（2017）「若者にとっての『地元』」『社会科学論集』茨城大学人文学部，63: 45-55.

「若者の地方移住」をめぐる語り
——若者・場所・アイデンティティ

牧野智和

1　若者は地方を目指す？

　この本を読んでいる皆さんは，「移住」という言葉を聞いてどんなことをイメージするだろうか。海外への移住だろうか。それとも海外から日本にやってくる人びとのことだろうか。あるいはかつての北海道などへの開拓のことを思うかもしれないし，現代における地方移住，いわば「田舎暮らし」のことを思うかもしれない。

　本章で考えたいのは今挙げたうちの最後のもの，つまり地方移住と「若者」の結びつきである。その結びつきに意外さを感じたかもしれない。地方に移り住みそうな人といえば，定年後の老夫婦であるとか，ある程度キャリアを重ねたうえでのいわゆる「脱サラ」をした人びとなのではないか，と。もちろん，そうした人びとも地方移住者には多く含まれている。しかしながら今日，明確な潮流として，若者——ここでは 20・30 代をイメージしてほしい——の地方移住が観察され，また自治体側もそれに大きな期待を寄せ，受け入れ態勢を整えている状況にある。

　しかし，なぜ若者は地方を目指すのだろうか。今述べたような自治体側の受け入れ施策だけでなく，より広くは「地域おこし協力隊」(2009-) のような国の施策が整備されつつあること，あるいは非正規雇用が増大し，正規雇用の平均賃金も下がるといった今日的状況における都市部での生活の困難，そうした雇用の劣化に一部伴うライフコースモデルの弛緩，東日本大震災 (2011) 以降のライフラインへの不安，自然豊かな場所で暮らすことへの憧れなど，さまざ

まな社会的背景を考えることができる。移り住む場所によってもこうした背景はそれぞれ異なった濃淡があり，地方移住の背景を一概にまとめることはかなり難しい。

　だが，そうであるにもかかわらず，「地方移住する若者たち」はある程度似通った，緩やかにではあるが一定の志向を有した人びととして描かれているようにみえる（これは後述する）。これは，彼（女）らの描き出し方において「ある切り口」が用意されていることによるのだが，それを考えていくことは，本書のコンセプトである若者と「場所」の現代的な結びつきを考えることにつながるだろう。

2 地方移住への注目と若者

2-1　日本国内における人口移動の現状

　さて，まずは日本国内における「移り住むこと」をめぐる状況の確認から始めよう。図4-1は，総務省統計局『住民基本台帳人口移動報告』（2019年詳細集計）にもとづいて，三大都市圏への転入者数の増減を整理したものである。ここでの「東京圏」は東京都・神奈川県・埼玉県・千葉県を，「名古屋圏」は愛知県・岐阜県・三重県を，「大阪圏」は大阪府・兵庫県・京都府・奈良県を指すものであり，かなり大きなくくりではある。だが，戦後復興期を経て高度経済成長期に大都市圏への人口流入が劇的に起こり，以後は浮沈を挟みながらではあるが，東京圏への一極集中が続いていることがわかるだろう。名古屋圏，大阪圏はここ40年近く，ほぼ横ばいである。

　より細かく見ていくと，転入超過，つまり人口が増えている都道府県は多い順に東京都，神奈川県，埼玉県，千葉県，大阪府（ここまでが1万人以上の超過），福岡県，愛知県，沖縄県のみである。さらに細かく自治体別に見ていくと，東京圏は押しなべて転入者数が増加しているが，名古屋圏の場合は名古屋市への転入者数が多く（2019年は6,753人の増加），名古屋圏内の他の自治体における転出を一手に支えている状態になっている。大阪圏の場合も，大阪市（2019年は16,000人の増加）がほぼ同様の状態になっている。

　若者のみに注目しても，15歳から19歳（主に進学に伴う転入といえる）では東

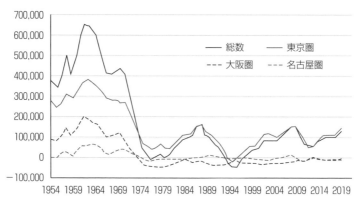

図4-1　三大都市圏への転入者数の推移

京圏が 25,371 人の増加，名古屋圏が 31 人の減少，大阪圏が 4,840 人の増加，
20 歳から 24 歳（主に就職に伴う転入といえる）では東京圏が 80,985 人の増加，名
古屋圏が 937 人の減少，大阪圏が 979 人の減少となっており，東京圏への一極
集中をここからも確認することができる（すべて 2019 年）。

　このような東京圏およびいくつかの大都市への人口流入という大きなトレン
ドが長い間変わらず続くなかで，研究者による国内移住への注目も，開拓など
の過去のものを除けば都市への人口移動，いわば「都市移住」（松本・丸木編
1994 など）や「上京」（難波 2012 など）になされることが多かった。

　このような長期的大傾向に加え，2008 年から日本全体の人口が減少を始め
たなかで，衝撃的な予測が発表された。人口が減り続け，やがて人が住まなく
なった自治体は「消滅」してしまうとし，そのような「消滅可能性都市」は
896 にものぼるとする日本創生会議・人口減少問題検討分科会の報告，いわゆ
る増田レポートである（増田編 2014: 22-31）。レポートが再構成された書籍のタ
イトルは端的に『地方消滅』であった。同書の内容はそのような危機に対する
提言や対策を主にしているが，そのなかで地域を長期的に持続させうる 6 つの
モデルが示されている。産業誘致，ベッドタウン，学園都市，コンパクトシテ
ィ，公共財主導，産業開発がその 6 つである（増田編 2014: 126-139）。これらは
いずれも移り住むことを促進しうる施策だが，概して自治体を単位として想定
したモデルだといえる。それに対し小田切徳美（2014: 181-185）は，自治体より

も単位を細かく設定していくと，「消滅可能性」が言われているような地域であっても，上記の6モデルに必ずしも依らずに移住者の増加を主な理由として人口が増加している地域をいくつも見出すことができると述べる（自治体を単位とする統計では，移住者は転出者に相殺されてしまう）。ではそれはどのような地域なのだろうか。

2-2　若者の農山漁村移住への関心

　近年の意識調査からは，地方移住をめぐる価値意識，特に農山漁村に対するそれが変わりつつあることを確認できる。内閣府がおこなった『農山漁村に関する世論調査』(2014) では，「農山漁村地域に定住してみたいという願望」が「ある」もしくは「どちらかというとある」と答えた者は都市居住者の31.6%とそれなりに多く，これは2005年の同調査における20.6%よりも大幅に上昇している。なかでも20代男性が47.4%と際立って高い（20代女性は29.7%）。

　「さまざまな形で都会から自然豊かな農山漁村へ移り住む方々のお手伝いをしている」（センターHPより）というNPO法人ふるさと回帰支援センターの2018年度年次報告書によると，東京情報センターの問合せ・来訪者数は図4-2のように年々上昇傾向にあり，なかでも若年層の相談件数が増加傾向にあるという。2008年では20代未満が相談者の4.0%，30代が12.0%を占めるに過ぎなかったが，2016年では20代未満が17.9%，30代が28.0%となり，これらの年代で全体の半分近くを占めるに至っている（嵩 2017: 34）。

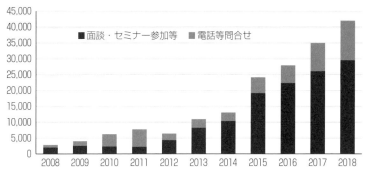

図4-2　NPO法人ふるさと回帰支援センターにおける相談件数の推移（東京センター）

表 4-1　農山漁村志向の変遷

1960 年代以前	敗戦後の引揚者による一時的就農
1960～70 年代	学生運動を経ての農山村（コミューン）回帰
1980～90 年代前半	アウトドアおよび「田舎暮らし」ブーム，環境志向の高まり 「I ターン」という造語の発明（1989，長野県）
1990 年代後半	バブル崩壊後の「精神的豊かさ」を求めての農山村回帰 中高年の「セカンドライフ」の場としての注目
2000 年代前半	行政による支援の充実 ロハス（Lifestyles Of Health And Sustainability）志向の高まり
2000 年代後半	若者の農山村志向の高まりが注目され始める 就農に限らない「地域おこし協力隊」等の支援が拡充
2011 年以降	東日本大震災後の社会変化

出所：秋津（2002: 129-130），筒井・嵩・佐久間（2014: 5），嵩（2016）。

　産業誘致等が若者を引きつけないとはいわないが，若者をめぐる動向として明らかにあるのは，増田レポートの提示したモデルとは少しずれた，自然豊かな農山漁村への移住に対する関心の高まりである[2]。では，このような関心の高まりはいかにして生じているのだろうか。

　農山漁村移住への関心は近年突然起こったものではなく，長いスパンのなかで変遷を重ねてきたものだといわれている（表 4-1）。今日的な状況と地続きになっているのは，主に 2000 年代以降の特徴として挙げたものだと考えられるが，2000 年代初頭にはまた別の移住ブームが起きている。そのブームについて見ておくことは，今日の若者と農山漁村移住の結びつきがいかなる特徴をもつものなのかを考える際に有用だと思われるので，少し話を転じることにしたい。そのブームとは「沖縄移住」ブームである。

2-3　沖縄移住ブームの特徴

　沖縄の食や音楽，あるいは連続テレビ小説『ちゅらさん』（2001）に代表されるような沖縄を舞台にしたテレビドラマ・映画が注目されて「沖縄ブーム」が生じていた頃，沖縄では県外からの転入超過が続いていた。つまり，沖縄に関連する消費をおこなうだけでなく，実際に沖縄へ移住する者がこの時期増加していたのである。

菅康弘（2006: 69-71）は1980年代以降の「Iターン」（1989年に長野県が命名したといわれる），つまり現代における係累のない土地への移住・定住は「それ自体で収束し自足する極めてコンサマトリーな社会現象である」とし，それを「ライフスタイルの選択にダイレクトに結びついた移住，アメニティ・ムービング」と表現していた。合わせて菅は，そのような自己充足とアメニティの内実にかかわるものとして，「〈旅〉のまなざし」があると述べる。つまり，グリーンないしはブルーツーリズムのような，地域との交流を含む観光のまなざしが居住地選択に入り込み，旅の感覚を持ちつつ暮らすという「旅住」の時代が訪れているという。

　須藤直子（2011: 63-64; 2013: 145-149）は，沖縄移住にもこうした傾向がみられることを踏まえながら，「沖縄ブーム」時に多く刊行された沖縄移住に関する書籍の分析をおこなっている。沖縄移住という言葉が使われ始めた1990年代においては，沖縄への移住は沖縄が好きでたまらず，沖縄のことばかり考えてしまう「沖縄病」の治療方法として提案される向きが強かったが，2000年代に入ると都会の暮らしでストレスを抱えた人びとが「スローライフ」を求めて移住していると説明される傾向が強まるという。しかし2000年代後半になると，ブームのなかで多様な移住者が入り込んだ結果，移り住んだ地域の人びとと触れ合おうとせず，近隣住民の不安や不満をかき立てている移住者への批判が現れるようになるという。しかしこのような問題が指摘され始めた頃，既に沖縄移住ブームは収束に向かっており，問題の「解決」はうやむやなままになっているといえる。[3]

　菅の指摘，および須藤の分析から引き継いでおきたいのは移住者像におけるさしあたって3つの特徴，つまり「沖縄病」という言葉が象徴するような沖縄のみへの集中的関心，旅住やスローライフといった言葉が象徴するライフスタイルと移住の関連，そして地域住民との隔絶をめぐる批判である。これらはもちろん，沖縄移住者一般の傾向といえるものではなく，あくまでも沖縄移住本に描かれた，時期ごとの特徴的な沖縄移住者像でしかない（須藤はこうした分析の後に，よりインテンシブに移住者の聞き取りをおこなっている）。そのことを踏まえつつも，このような手がかりをもとに，今日の若者の農山漁村移住について考えてみたい。

3 　若者の農山漁村移住と「新たな縁」

3-1　農山漁村への移住を扱うメディアの増殖

　と，ここまで読んできてもらって，農山漁村への移住に何かしら関心を抱い
てもらえただろうか。もしそうだとしたら，次に何をするだろうか。農山漁村
への移住に関するまとまった情報を集めたいとおそらく思うだろう。今日の日
本では，若者を中心とした農山漁村移住に関する書籍・雑誌がある程度のバリ
エーションをもって刊行・蓄積されている状況にある。もう少し詳しく述べて
おくと，沖縄だけでなく，北海道への移住を扱う書籍も 1990 年代頃からいく
つかみることができるが，それらに留まらず広く日本の各地への移住がメディ
ア上で言及されるようになったのは，2 節で示した意識・行動の変化とほぼ同
様に近年のことである。特に若者に注目して農山漁村を中心に地方移住をとり
あげ，ムーブメントの一角を担ったといえる『ソトコト』(1999-) が国内移住
を扱い始めたのは 2010 年からであり，「田舎」での自然に囲まれた暮らしをメ
インテーマにしてきた『自休自足』(2003-) が中高年から若者にターゲットを
明らかに移行させて『TURNS』に誌名を変更したのは 2012 年であった。そ
れ以前にも，農業関連の雑誌において若者の農山漁村移住が注目され始めては
いたものの，おおむね 2000 年代中盤以降からその注目は続いてきた。

　いわば沖縄移住ブームの収束と入れ替わるように，日本各地の農山漁村への
移住が潮流として起こってきたといえそうなのだが，そうした移住に関心をも
った人びとが関連する書籍や雑誌を手にとったとき，得られる情報とはどのよ
うなものなのだろうか。農山漁村への移住とは，一体どのようなことがらとし
てその読者に提示されているのだろうか。ここでは総体的な傾向を把握するた
め，複数の地方移住者のある程度まとまった語りを紹介している書籍 (指出
2016; セソコ 2016; 移住ライフ研究会 2016; 伊佐 2017; 小林 2017 など) をいくつか参照
しながらその特徴づけをおこなっていきたい。

3-2　「なりゆき」という経緯と「新たな縁」

　まず，移り住む場所の選び方について。農山漁村は当然全国各地にあり，紹

介されている移住場所も全国に散らばっている。移住のきっかけは非常に多様で，ボランティアで訪れた，グリーンツーリズムを利用して訪れた，移住セミナーに通って決めた，大学の卒業論文での調査対象だった，仕事で訪れた場所を気に入った，同僚の実家のある土地に興味を持って訪ねてみた，結婚相手の実家がそこにあったなどさまざまである。より根本的な動機として，もともと小さいころから自然に恵まれた場所で過ごしたかった，都会に疲れた，都会での生活費が高くて移り住んだ，東日本大震災をきっかけにしてライフラインの確保を考えてといった事例もみられる。

　沖縄移住のように，沖縄でなければならないという場所への必然性がないなかで，それぞれの移住場所の選択はどう語られているのだろうか。語りを見る限り，「なりゆき」というケースが意外なほどに多い。つまり，ボランティア活動で出会った地元の人びとやボランティア仲間と仲良くなり，ボランティア期間の終了後もそこに住み続け，やがて仕事を始めたり，仕事に誘われたりするうちにそこに根付いてしまったというケース。ふとしたきっかけで訪れた土地の人びとに魅力を感じ，幾度か足を運んでいるなかで移住を決めたケース。仕事の契約が切れたので，1年くらいのつもりで暮らしてみようと移り住んだら，時が経つにつれて知り合いが増え，仕事や相談ごとを次々と頼まれるようになり，気づいたら数年経っていたというケースなど。もちろん，事前に下調べをして，自然環境やアクセスなどを考えて移住先を決めるケースも紹介されている。だが少なくない場合において，こうした人や仕事（これは後述するように「なりわい」と呼ばれることがしばしばある）の関わりの束が増え，またそれらが太くなっていくプロセスのなかで，少しずつ自らがそこに住むことの意味を確かなものにしていったという移住語りがかなりの頻度でみられる。『ソトコト』編集長の指出一正（2016: 67）は今日の若者の地方移住において，地縁や血縁ではない「新たな縁（Roots）」を探して，また感じての移住が広がりつつあるとしてそれを「Rターン」と表現している。

3-3　都会では得られない自分の「居場所」

　次に，移住とライフスタイルとの関連について。上述したような旅のまなざしやスローライフ的な志向は，移住者の語りのなかにもみることができる。都

会と違って自然の移り変わりを１日１日感じることができ，日々ワクワクして
過ごしている，またそうした自然のちょっとした変化に敏感になる自分自身の
変化を感じることができる。自然のなかで，自らが作った，あるいは納得でき
る安心で安全な食べ物をとり，暮らしていくことができる。暮らしのなかでや
ることは意外に多いが，それでも都会とは違った心のゆとりが得られる。自分
たちの暮らしを通して，美しく調和した世界を目指していきたい，等々。

　「旅住」や「スローライフ」という言葉を思い起こさせるこうした語りのなか
でしばしば引き合いに出される「都会」との違いは，農山漁村移住の動機とも
関係づけられているようにみえる。あくせくしてお金のことや体面，外見のこ
とばかり気にしてしまう都会と異なって，この場所では「自分で暮らしを作り
上げ」ていくことができ，「今のままの私」でいることができる (伊佐 2017: 60,62)[6]。
自分が何かをすると，目の前の人が喜んでくれ，「与えて，与えられて」とい
う循環のなかに自らがいることを実感でき，「自分の活躍できるフィールド」
を実感できる (小田切・友廣・金井 2011: 10,14)。それらが都会でまったく得られ
ないわけではないだろうが，「自分とのひっかかり」「自分ごととして参加でき
るか，ひとりの人間として，必要とされているか」(指出 2016: 33-34) が移住先
の農山漁村ではこれまでになく感じられたと多くの若者が語り，またそのなか
で一人ひとりがその地域の魅力や，上述したような新たな縁を感じ取っている
ようにみえる[7]。

3-4　「新たな縁」の重層的かかわり

　最後に，地域住民とのかかわりについて。沖縄移住を扱う書籍でも，「オジ
イ」「オバア」とのかかわりで多くのことを気づかされたといった語りや，地
域住民とのかかわりはおこなった方がよいといった推奨をみることができる
(だからこそ，須藤が指摘したような批判が現れることになる)。近年の全国各地への移
住においても基本的にそれは同様なのだが，近年の農山漁村移住への注目と歩
みを合わせるようにして使われるようになっているひとつの言葉にここでは注
目したい。それは「なりわい」である。辞書的にはごく単純に「生活を営むた
めの仕事」を示すこの言葉は，塩見直紀 (2003) が提唱した「半農半 X」とい
う言葉・考え方の広まりとあいまって，そのひとつだけでは必ずしも生計が立

たないが，複数組み合わせることによって生計を立てていく仕事の集まりとい
う意味合いで用いられるようになっている。具体的には，農業，レストラン，
農家民宿，地元産品の販売（オンライン販売やアンテナショップへの出荷含む），コミ
ュニティ・スペースやカフェの運営，地元の企業や商店の継業，他の農家の手
伝い，食品加工ないしはその手伝い，直売所のスタッフ，小物づくり，各種ワ
ークショップの企画や運営などがそれにあたる。近年の地方移住を扱う書籍・
雑誌がほぼ同様に述べるのは，地方には仕事がないのではなく，「『自分にでき
ること』が何かを見つけることができれば」（セソコ 2016: 156），「自分さえ見つ
ける『目』」をもっていれば（伊佐 2017: 84），仕事はみつけることができ，暮ら
していくことも可能であるということだ。「なりわいづくり」という言葉もあ
るように，それらは自ら新しく生み出していくものでもあるとされる。

　これらのうちいくつかは，都会から「移住してきた私だからこそ」（セソコ
2017: 51）できる側面があると同時に，そのほとんどが地域に根ざした業態であ
るがゆえに，地域の人びとたちの支えが欠かせないものでもあるとされる（筒
井ほか 2014: 15）。新たな縁を通じて移住しているならばなおさら，地域の人び
ととのかかわりは必然的なものになるといえる。また図司直也によれば，今日
の農山村は世代を超えて継承されてきた人びとの知恵が多く見出される場所で
あり，それらを受け継ぐ地域の人びとは若者にとって敬意の対象になっている
と指摘し，そうであるからこそ，若者にとって地域の人びととかかわらないこ
とは，その場所にかかわる意味を失わせてしまうほどのことだとされている
（図司・佐久間・筒井 2016: 176-177）。

　また，高齢者の多い地域でそうしたなりわいを営み，あるいは作っていくこ
とは，自分自身が必要とされているという感覚が得られるだけでなく，その地
域の資源や魅力を未来に「つなげて」（伊佐 2017: 60,66），「伝えて」（セソコ
2016: 18,48）いくことにもなるとも語られている。それを地域や社会への貢献と
してみることはできそうだが，当人たちの口からそのような言葉はあまり語ら
れない。「ただの一人の人間としてお世話になって，いただいたもの以上の何
かを返す，そういうことの積み重ね」（小田切・友廣・金井 2011: 14）なのであって，
それを社会貢献という一言で解釈されてしまうことには違和感を覚えるとさえ
語られることもある。小田切（2011: 18）はこれを，支援者という立場ではなく，

自分自身の楽しみや喜びを起点としたかかわりの「結果としての貢献」と表現していた。このようにして，地域へのかかわりは今日の農山漁村移住にとって，なりわいという経済的な観点においても，人びととのかかわりという動機の点においても，中核的・必然的な位置を占めているようにみえる。[8]

4 「つながり」語りとしての「若者の地方移住」

　農山漁村に移住する若者たちを紹介する書籍では，彼（女）たちがそれぞれさまざまな経緯によって全国各地に移住していったことが綴られている。とりあげられる移住者の属性は書籍ごとに異なり，東京で働いていた女性を中心にしたもの（伊佐 2017），首都圏を中心としてカフェや雑貨屋やパン屋を営んでいた人びと，あるいはデザインや編集，広告に携わっている人びとを中心にしたもの（セソコ 2016），地方から地方への移住も含め，全国各地のさまざまな経歴の人びとをとりあげたもの（小林 2017）などがあり，やはり一様ではない。しかしながら，先行研究を手がかりに比較のポイントを設定して農山漁村へ移住する若者の描写を眺めてみると，それらの局面に関しては共通したポイントを見出すことができるように思われる。それが冒頭で述べた「ある切り口」である。つまり，「新たな縁」を感じての移住，目の前の人に必要とされる関係のなかでの生活，地域の人びととのかかわりなど，若者の農山漁村移住語りはその特徴的な各局面において「つながり」の語りになっているのである。

　鈴木謙介は，若者の「ジモト」志向に関して次のように述べていた。「知らない人たちの間で生きる都市の生活ではなく，自分にも役割が与えられ，評価されたり必要とされたりするような生活の場で暮らしていきたい。ジモト志向とはそういう性質のものなんです」（鈴木 2011: 139）。前節でみたように，ほぼ同様の語りを農山漁村移住語りにおいてみることができたわけだが，都会では得がたいとされる，自らが必要とされる関係の束を生活の糧そのものとして生きていくという点では，地方移住する若者たちは上述した「ジモト」志向をある面で押し進めた存在として描かれている。書籍や雑誌で紹介される若者たちには浮ついたところはほぼなく，自らに対しても，周囲の人びとに対しても誠実であるように見え，かつ見た目にもおしゃれ，フォトジェニックである。つ

まりとても魅力的であるのだが，そうした側面にとどまらず，今日の若者のひとつの特徴とされる「ジモト」志向をもっともよく体現した存在としても，若い読者にとってのロールモデルになりえているのではないだろうか。

4-1　生きる場所の再帰的な選択を促すもの

　このような「つながり」語りとしての地方移住若者論について，2つの観点から最後に考えてみたい。ひとつは「つながり」についての内在的な考察である。上述の小田切（小田切・友廣・金井 2011: 18）は，顔の見える関係のなかで自らが必要とされ，活躍することができるという感覚が得にくいとされる都会の「匿名性」と対比させ，人間と人間，人間と自然の「つながり」を感じられることが，農山村へ若者を呼び込もうとする環境づくりにおいては重要だと述べている。

　このような匿名性は社会学的には，自らが「入れ替え可能」な存在であり，自らと場所の関係も流動的になっている状態だと表現することができるだろう（宮台 2003 → 2005: 324 など）。ジグムント・バウマン（Bauman and Vecchi 2004=2007 など）はこのような流動性が社会に遍く広まっている状況においては，人びとは自らのアイデンティティを何かに総体的に預けることはせず，消費を中心とした選択を通してアイデンティティ形成を断片的に，また短期的に引っかけては外すことをおこなっているのだと述べている。また，選択するということに関して2節で紹介した菅（2006: 72）は，旅住の時代における地域への愛着のあり方として，「生まれ落ちた土地」だけでなく「選びとった土地」への愛着が芽生えつつあると述べる。旅は選ばれて消費されるものであるが，旅住もまたそのような側面があるといえるだろう。だが，旅住の感覚をもって特定の場所を選びとりながらも，農山漁村に移住する若者たちはそのアイデンティティのかなりの部分をその場所に預けてわざわざ移り住み，他でもなくここだという入れ替え不可能性を中長期的に見出しているようにみえる。このような入れ替え不可能性を担保しているのは，おそらく前節で述べてきた「新たな縁」，つまりその地域の人びととの人間関係だと考えられる。

　他でもなくここが私の生きていく場所だという感覚を提供するもの，いわば自らと場所とをめぐる流動性を打ち止める手がかりがこのような地域の人びと

との人間関係に求められることは，流動化の果てに自らを承認してくれる人間関係——しかしそれは伝統的な地縁や血縁ではない——が見出されたということなのだろうか。あるいは，こうした人間関係に関する落差，つまり流動化が果てしなく進行する都会と，その進度が相対的に遅いと判断されるような農山漁村との落差によるものなのだろうか。それとも，やはり流動化の果てに再び見出された「伝統的なもの」や「本質的なもの」といったイメージによるものなのか。流動的近代論はこのようにいくつか解釈の道筋を用意してくれるが，より他の説明力の高い解釈がありうるだろうか。それとも単純に，人生にはそういうことがしばしばあるものだということにすぎないのか。

4-2 「地方で生きる若者たち」をめぐるずれ

　もうひとつ考えたいのは，今回みた資料からすると外在的なことである。序章で紹介されているように，地方で生きる若者たちへの研究関心が高まっているが，それらの諸研究で描かれる若者たちと，農山漁村に移住する若者たちは，重なり合う部分があまり多くないようにみえる。地方都市でほどよい心地よさを日常的に楽しむというよりは（阿部 2013），自然に囲まれた生活や地域の人びととの触れ合いが楽しさの中心にある。地方の厳しい労働市場のなかで何とか生きているというよりは（尾川 2011），生活は楽とはいえないものの自営（雑貨屋やパン屋が多い）や「なりわい」を通して何とか生きている。轡田竜蔵（2017）が分析したような条件不利地域居住者の傾向からも解釈がおこないづらい。貞包英之（2018）が指摘したような，ポジティブなイメージが広がることと実際の地方活性化は必ずしも結びつかないのではないか，また移住への関心が高まることと実際の移住者の増加・定着とはやはり必ずしも結びつかず，労働・居住環境の整備・制度改革こそがまずなされるべきことではないかという指摘に対しても，近年の移住を扱う書籍・雑誌は必ずしもそれらをフォローするようなつくりにはなっていない。

　これらは単純に，近年の研究において検討されている「地方」と本章でみた資料での舞台になっている「地方」が異なっているということであったり，そもそも「地方」を一枚岩で捉えようとする考え方自体に間違いがあるということなのかもしれない。あるいは，一般向けの書籍や雑誌において求められるの

はポジティブな地方移住イメージ——特に移住者の描き出しをポイントにした——の提示であって，社会学の研究関心とすれ違うのは当然だということかもしれない。あるいは，こうした書籍・雑誌が想定する読者が主に都市の高学歴層（俗な言い方をすれば「意識の高い」人びと）に向けられているためにすれ違っているということなのかもしれない。だがいずれにせよ，「地方創生」が政策上の課題として掲げられている今日において，地方移住のロールモデルとして描かれている魅力的な若者たちと，社会学者の関心を集める「地方で生きる若者たち」がなぜ，いかにすれ違っているのか，そのすれ違いをいかにして埋めていくことができるのか検討することは，政策・研究双方においてそれなりに意味のあることであるように思われる。コロナウイルス禍の影響も含めて，きっと近いうちにこうしたことがらは検討されるはずである。

■注

1）これはそのひとつ前の質問で，自らの住まいが「都市地域」「どちらかというと都市地域」と答えた者を対象としている。

2）小田切と筒井一伸（2016: 1）は，近年の地方消滅に関する議論はこのような「農山村への人の流れ，田園回帰傾向の顕在化」を見逃していると批判している。

3）沖縄移住をめぐるイメージに対してより根本的な批判をおこなっているのが池田緑（2007: 81-84）である。池田は沖縄移住本を手がかりのひとつとしながら，日本（内地）と異なり，お人好しで，やさしく，癒しを与えてくれる「無害で都合のよい沖縄人像」を一方的に発信する沖縄移住者を「沖縄オリエンタリスト」「日本人の植民地主義の現代的尖兵」と強く断じている。

4）そのプロセスについて詳しくは，『ソトコト』の編集長であった指出一正（2016）および同誌の変遷について記述した片山悠樹・牧野智和（2018）を参照。

5）移住者を扱う近年の書籍においては，沖縄が特別な場所として扱われることなく，他の農山漁村と並列される選択肢のひとつとして示されているようにみえる。

6）ブロガーのイケダハヤトは『まだ東京で消耗してるの？』（2016）のなかで，やや挑発的に地方移住を称賛して話題になったが，彼もまた都会では「自分の人生を生きること」（2016: 37など）ができないとして，同種のレトリックで都会と地方を対比している。

7）周藤辰也（2012）は，今日のIターン移住者を「自分探し」という観点から考察し，その結果Iターン移住者は「自分が何者なのか」を問うて移住するのではなく，自分自身のライフスタイルが，実際に顔の見える関係のなかで受け入れてもらえる場所を探しているのだと指摘している。

8）鰺坂学ら（2016）が2015年におこなった京都府綾部市での移住者調査では，「移住を検討する際に問題と感じたこと」で最も多かった回答は「地域社会へうまく溶け込めるかが不安だった」（56.6％）であったが，移住後の近所づきあいの程度は「挨拶程度」をする相手がいると答えた者が92.1％，「世間話程度」が89.5％，「おすそ分けをする」が84.2％，「相談や頼み事をする」が64.5％，「家に遊びに行き来する」が43.4％と，都市部に比してかなり「深い付き合い」があることが報告されている。集落の寄り合い，共同作業，祭りなどの参加率もそれぞ

れ 8 割を超えている。こうした「深い付き合い」を伴う移住者は 8 割がその生活に満足しており, 満足の理由として「近隣関係が良い」と答える者も少なくない。こうした調査結果からも, 今日の農山漁村移住において地域とのかかわりが中核的・必然的であるということがいえるのではないだろうか。

9）必ずしもそのまま置換できるわけではないが, 農山漁村や「伝統的なもの」などを, 上述した「ジモト」と読み替えて考えることもできるかもしれない。

10）とはいえ今日の農山漁村移住を扱う書籍・雑誌は, 沖縄移住を扱う書籍・雑誌の一部や, それ以前に数点あった地方移住を根拠なくバラ色とするような書籍と異なり, 移住が無責任に称揚されることはほぼなく, 失敗や逡巡もつまびらかにされながら今日の農山漁村移住はおおむね語られている（最終的には移住に「成功」した人びとであるから, そうした失敗を語ることができるのかもしれないが）。

参考文献

阿部真大（2013）『地方にこもる若者たち――都会と田舎の間に出現した新しい社会』朝日新聞出版.

鯵坂学・河野健男・松宮朝（2016）「人口減少地域における定住促進施策とIターン者の動向――京都府綾部市における調査から」『評論・社会科学』117: 1-84.

秋津元輝（2002）「多様化する農業者のかたち」桝潟俊子・松村和則編『食・農・からだの社会学』新曜社, 124-141.

Bauman, Z.（2004）*Identity : conversations with Benedetto Vecchi*, Polity Press.（= 2007, 伊藤茂訳『アイデンティティ』日本経済評論社.）

イケダハヤト（2016）『まだ東京で消耗してるの？――環境を変えるだけで人生はうまくいく』幻冬舎.

池田緑（2007）「沖縄への欲望」野村浩也編『植民者へ――ポストコロニアリズムという挑発』松籟社, 72-149.

移住ライフ研究会（2016）『家族で地方移住, はじめました。――働き方・生き方を変えた, いまどきの子育て世代の選択』洋泉社.

伊佐知美（2017）『移住女子』新潮社.

嵩和雄（2016）「農山村への移住の歴史」小田切徳美・筒井一伸編著『series 田園回帰 3　田園回帰の過去・現在・未来――移住者を創る新しい農山村』農山漁村文化協会, 86-97.

―――（2017）「地方移住の構造的な変化」山崎義人・佐久間康富編『住み継がれる集落をつくる――交流・移住・通いで生き抜く地域』学芸出版社, 25-38.

片山悠樹・牧野智和（2018）「教育社会学のなかの『地方の若者』」『教育社会学研究』102: 5-31.

小林奈穂子（2017）『生きる場所を, もう一度選ぶ――移住した 23 人の選択』インプレス.

轡田竜蔵（2017）『地方暮らしの幸福と若者』勁草書房.

増田寛也編（2014）『地方消滅――東京一極集中が招く人口急減』中央公論新社.

宮台真司（2003 → 2005）「成熟社会におけるコミュニケーションの行方」『宮台真司 Interviews』世界書院, 323-326.

小田切徳美（2014）『農山村は消滅しない』岩波書店.

小田切徳美・友廣裕一・金井久美子（2011）「鼎談　集落と若者をつなぐ」農山村再生・若者白書 2011 編集委員会『緑のふるさと協力隊　響き合う！集落と若者』農山漁村文化協会, 8-17.

尾川満宏（2011）「地方の若者による労働世界の再構築――ローカルな社会状況の変容と労働経験の相互連関」『教育社会学研究』88: 251-271.

貞包英之（2018）「『SNS 映え』で観光客も増えた地方が，活性化しないのはなぜ…？――地方ブームが終わる前に何ができるか」（http://gendai.ismedia.jp/articles/-/55109，2018 年 4 月 20 日更新，2018 年 4 月 22 日取得）．

指出一正（2016）『ぼくらは地方で幸せを見つける――ソトコト流ローカル再生論』ポプラ社．

セソコマサユキ（2016）『あたらしい移住のカタチ――自分で選ぶこれからの働き方と暮らし方』マイナビ出版．

塩見直紀（2003）『半農半 X という生き方』ソニーマガジンズ．

須藤直子（2011）「新しい『移住』のかたち――1990 年代以降の沖縄への移住を事例として」『早稲田大学大学院文学研究科紀要　第 1 分冊』56: 63-80.

―――（2013）「『沖縄移住』再考――観光客はいかにして『移住者』になるのか」『琉球・沖縄研究』4: 138-161.

周藤辰也（2012）「I ターン者にみる『自分探し』」『社会文化論集』8: 25-34.

菅康弘（2006）「I ターン定住――〈住〉から〈旅住〉へ」『農業と経済』67(7): 68-73.

鈴木謙介（2011）『SQ――"かかわり"の知能指数』ディスカヴァー・トゥエンティワン．

筒井一伸・嵩和雄・佐久間康富著，小田切徳美監修（2014）『移住者の地域起業による農山村再生』筑波書房．

図司直也・佐久間康富・筒井一伸（2016）「田園回帰で人と地域が持続する」小田切徳美・筒井一伸編著『series 田園回帰 3　田園回帰の過去・現在・未来――移住者を創る新しい農山村』農山漁村文化協会，174-192.

地域おこし協力隊×地方志向の若者×移動 —— 定住と定住のハザマで

井戸　聡

　現代の若者についての特性の一端として「地方志向の若者」という語られ方がある。ここでは地方を志向する若者の選択肢のひとつとなっている「地域おこし協力隊」について紹介したい。

　4章でも示されたが，若者の地方移住への関心や願望は高じてきている。たとえば，ある調査によれば，東京在住者の4割が地方への移住を検討，または今後検討したいと考えており，特に30代以下の若年層男女および50代男性の移住に対する意識が高い（「東京在住者の今後の移住に関する意向調査」（内閣官房 2014））。ただ，そのなかで「今後1年以内に移住する予定・検討したいと思っている」という回答は少数（移住希望有りの内7％弱）であり，他方で「具体的な時期は決まっていないが，検討したいと思っている」という回答が多数を占める（同じく約70％）。つまり，地方移住の願望があったとしても，実現する見込みの薄い「理想」に留まっているとも読み取れる。移住の実現にたどり着く人びとは「理想」を抱く人びとの内のわずかだといえる。不安や懸念もつきまとうリスクの少なくない行為と受け止められている移住に関する意識の一側面を読み取れる。そうしたなかで地域おこし協力隊制度は，若者が地方へ移住する際のひとつの現実的な選択肢のひとつとなりえていると考えられる。

　地域おこし協力隊とは，総務省によって2009年から始められ，都市から条件不利地域への移住者を自治体が地域おこし協力隊員として委嘱し，「地域協力活動」（地域ブランドや地場産品の開発・販売・PR，農林漁業への従事，住民生活支援など）を1〜3年間おこないながら，その地域への定住・定着を図る取り組みである。制度創設以降，受入れ自治体，隊員数ともに総じて増加し続けており，2019年度は全国の1,071自治体で5,349人が活動している（開始当初の2009年は，31自治体で89人であった。なお，2019年度は前年度比で初の微減となった）。報償費や活動費等で隊員ひとりにつき年間440万円，その他，起業・継業に関する経費，募集等の経費が国から地方自治体へ特別交付税として財政措置される。

　地方移住には，生活の利便性や交通機関，医療等の条件不利性の他に，仕事や収入，住居について，不安や懸念が伴うが，地域おこし協力隊では，多くはないにせよ，安定した収入が得られ，住居も手当される場合が多い。また，地域の人脈にもコンタクトを取りやすく，さらに，協力隊という公務員としての公的な身分を確保して移り住むことができる。また，1〜3年の限定された期間で，その地での暮らしや適合性を試すことができる。地方移住につきまとう大きな障壁を

軽減し，移住の「理想」へと向かう初動として地域おこし協力隊が選ばれている面があると考えられる。全隊員のうち約7割を30代以下が占めるが，以上の事情と関連していると考えられる。

　任期後の定住・定着をひとつの柱とする地域おこし協力隊制度であるが，現実には全ての隊員が任地への定住志向を強く持っているという訳でもない。一時的な求職先として，震災等での不安から健康・安心・安全を求めて，自己実現ややりがいの場を求めて，かっこよさへの憧れからなど，その動機はさまざまである。地方に住まう目的に単焦点化されない，若者の地方志向の多様性が特徴的であるが，地域おこし協力隊は，多様化している地方志向の若者の受け皿のひとつとなっていると考えられる。

　隊員からよく聞くのは，移動元から離脱して向かうべきと考えていた場所は，特定的な場所ではなく，漠然とした「地方」や「田舎」であったという語りである。

　つまり，地域おこし協力隊における若者の地方志向は必ずしも移住した先での定住を企図したものではなく，また，定住を目指している場合でも向かうべき先が個別具体的ではなく曖昧で抽象的であることも少なくないといえる。

　以上からすると，地域おこし協力隊の解釈の仕方として，単に地方定住を目指す地方志向の若者の特性・傾向の反映とする見立ては十分ではないということになる。一方で，にもかかわらず，任期後の定住者が6割とされる報告もあり，その解釈の仕方も必要とされよう。

　地域おこし協力隊をめぐる地方志向の若者の特性のひとつは，移住する前の社会では実現困難である別様の生き方の場を希求しての移動性だと考えられる。それは，結果として，定住しない生き方（多拠点生活やアドレスホッパーなど）や，活動地以外の場所に生活拠点を移しつつ活動地とつながり続けることなどを選択することも含む。つまり必ずしも定住・定着という帰結に収斂していくわけではなく，典型的な近代的定住型社会の枠内に留まらないさまざまな在り方の可能性の模索へと広がる方向に向かっているように感じられる。

　どこかに現状とは異なる在り方を求めようとする意識によって，「いま，ここ」から離脱する行為が集積しつつあること（移動性の高まり）を反映する動向として，地域おこし協力隊をめぐる地方志向の若者の行為や意識を考えてみることがひとつの理解の仕方だと思われる。定住と定住のハザマ（＝非定住）という逸脱的・周縁的な状況に身を置きつつ，従来の社会的な在り方とは異なる様態を模索する潜在的な志向性やドミナントな定住型社会を超えた在り方を模索する可能性を地域おこし協力隊である地方志向の若者に見出すことができるかもしれない。このようなことを考えつつ，6割とされる定住・定着層は，どのようなことがその決

め手や要因となっているのか，それを説明可能とする要素や仕組みを探ることが
条件不利地域や全体的な人口縮小社会における今後の課題のひとつとなるのでは
なかろうか。

参考文献
井戸聡（2017）「「地方志向」の若者としての地域おこし協力隊——移動の枠組みと課題の諸
　特性についての一考察——」『愛知県立大学日本文化学部論集』第 8 号：1-48.

地域間移動という死角──若者の社会移動を考える

　このコラムでは，社会移動概念を用いて，地域間移動について考え直してみたい。「自らの職業や住居を，自由に選択できる」，このことは近代社会で生きる人びとみなに与えられている権利である。こうした社会において，人びとはどのように社会移動をおこなうのだろうか。教育社会学や階層論の諸研究は，そのメカニズムを明らかにしてきた。

　「社会移動」概念を提唱したソローキンは，それを「個人または社会的事物または価値が，人々の活動によって作り出されもしくは変更され，ある社会的地位から別の社会的地位に移ること」と定義している（Sorokin 1959: 133; 川合他 1982: 89）[1]。階層移動のみを社会移動と捉えているわけではなく，地域間の移動や移住，家族間の移動もそれに含んでいる。これまでにも，地域間移動を社会移動として捉える意義について議論が積み重ねられてきた（三浦 1976; 鈴木編 1978）。

　しかし，若者の社会移動に関する研究で，地域間移動が社会移動として取り上げられることは少なく，もっぱら階層移動に焦点が当てられてきた。これまで，地域間移動に焦点が当てられてこなかった理由は，地域間移動が階層移動を伴うものと捉えられてきたことにある。都市に出る若者は，集団就職であれ，立身出世であれ，職業的地位の達成やその達成による階層移動と不可分にかかわっていた（粒来 1998）。吉川（2001）は，『学歴社会のローカルトラック』において，大衆教育社会における島根県の大学進学経路を検討している。そこでは「地元の大学へ進学し，就職するもの」，「都市の大学へ進学しそこで就職するもの」，「都市の大学へ進学し地元県で就職するもの」で整理がおこなわれ，就学移動と就職移動が詳細に分析されてきた。この研究は，一部のエリートを地元県に残し，一方で，一部のエリートを都市へと向かわせることで，地元の労働市場が維持されてきたことを示している。この研究も大衆教育社会における学歴を介した移動経路，すなわち地元から都市へという地域間移動を明らかにしてきたといえる。こうしてみると，若者の社会移動に関する諸研究は，地元から都市へという地域間移動を前提にしつつ，学歴を介した階層移動のメカニズムを明らかにすることが主な課題であったといえよう。

　だが，2000年代以降，学校から職業への移行の不安定さや東京一極集中の問題が指摘されはじめ，若者の地域間移動に関して新たな知見が生み出されつつある。片山（2017）は20代前半の若者のデータから，高卒層において製造業地帯への身近な地域間移動が安定したキャリア形成につながる可能性を論じている。

また，地方で初職を得た若年女性（20代～30代）は若年男性と比べると東京圏へ転出する可能性が高く，その主な理由は配偶者の転勤にあると示唆する太田らの研究（2017）もある。そもそも，かつてに比べると「地方・地元定着」する若者が増えている。地方部出身者を見ると，就職時に地方から流出する割合が減少しただけでなく，地元から進学時に流出する割合も減ってきた[2]（労働政策研究・研修機構 2015）。身近な地域間移動や家族都合による移動，地元にとどまる若者など，階層移動を伴う都市への就学移動・就職移動とは別の地域間移動／非移動のありようが研究の遡上に載せられるようになっている。

　社会移動を捉えるには，経済資源のみならず，家族やコミュニティとのつながりとそのありようを再考する必要がある（cf. 鈴木編 1978）。若者の地域間移動に関する実証研究の蓄積は，地域間移動を社会移動として捉える理論をも彫琢することになるだろう。地域間移動を若者の社会移動と捉えることで，階層移動にも示唆を与えうる社会移動のメカニズム解明へとつながるはずである。

■ 注
1）川合ら（1982: 89）の訳を参照しつつ，Sorokin（1959: 133）を確認して訳出した。
2）ただし，性別によって違いがみられ，男性にこの傾向が読みとれる。

📋 参考文献
片山悠樹（2017）「地域移動と初期キャリア」乾彰夫・本田由紀・中村高康編『危機のなかの若者たち──教育とキャリアに関する5年間の追跡調査』東京大学出版会，197-214.
川合隆男・鹿又伸夫・熊田俊郎・阿久津昌三・片山龍太郎（1982）「P. A. ソローキンの社会移動論とその再検討」『慶応義塾大学大学院社会学研究科紀要』No. 22: 87-95.
吉川徹（2001）『学歴社会のローカルトラック』世界思想社.
三浦典子（1976）「地域間移動の効果をめぐる考察」『社会学研究年報』No. 7-8: 42-49.
太田聰一・梅溪健児・北島美雪・鈴木大地（2017）「若年者の東京移動に関する分析」『経済分析』195: 117-152.
労働政策研究・研修機構（2015）『若者の地域移動』JILPT 資料シリーズ，No. 162.
Sorokin, P. A. (1959) *Social and Cultural Mobility*, The Free Press of Glencoe, Illinois.
鈴木広編（1978）『コミュニティ・モラールと社会移動の研究』アカデミア出版.
粒来香（1998）「社会移動から見た近代都市東京の形成過程──都市移住者の計量歴史社会学」『理論と方法』13(1): 5-22.

フジロックフェスティバルに「帰る」人びと
——「帰省」のレトリックと第三の故郷

永田夏来

1 若者が上京することの焦燥感と希望

　1998 年 10 月に発売された「くるり」のデビューシングル『東京』は，地方から上京してきた若者の焦燥感と希望，遠く離れた恋人への想いをエモーショナルに歌い上げた 90 年代邦楽ロックの金字塔のひとつだ。「東京の街にやってきました　相変わらず訳のわからないことを言ってます」との歌い出しで始まるこの曲について，作詞作曲を担当した岸田繁は「所持金と口座の残高合わせて 500 円くらいの時に，足立区の綾瀬で書いた曲」で「遠く離れた恋人のことがどうでも良くなった」ように感じて不安を覚えた経験などが制作の背景にあると語っている。

　　早く急がなきゃ飲み物を買いに行く
　　ついでにちょっと君にまた電話したくなった

　地元に残してきた恋人のことを強く想いながらも，電話が買い物に行く「ついで」になってしまうという心の揺れは，1998 年における携帯電話の普及率は 38.6% であり（総務省 2018），所持金 500 円の若者にはとても手が出ない高額商品だったという時代状況と合わせて理解する必要があるだろう。
　NTT ドコモによる i-mode のサービス開始は 1999 年 2 月，フレッツ ISDN や ADSL など完全定額によるインターネット常時接続がスタートするには 2001 年まで待たねばならない。スマートフォンも SNS も登場していない 90

年代後半において，物理的に離れた相手と個人的な関係を維持するのは現在よりもずっとハードルが高かった。当時の若者達にとっての上京は，これまで培ってきたネットワークを捨てての大移動であり，物理的にも心理的にもある種のリセットを伴うものであったと考えることができるのだ。

ファンの間で広く知られているが，『東京』には 1997 年におこなわれた第 1 回の FUJI ROCK FESTIVAL（以下フジロック）に観客として参加した岸田の経験も盛り込まれている。フジロックについての語りを通じて若者と場所について論じるのが本章の主眼であるが，分析に先立ってこの曲を引用したのは，フジロックにコミットした当時の若者の気分が鋭く描かれていると思われるためだ。彼らの語りを通じてフェスのエッセンスを再発見し，それが今日どう引き継がれているかの提示が今回の目的となる。それは，京都から出てきて『東京』でデビューした 22 歳の岸田らと同様に，焦りと希望を持ちながら上京した当時の若者が持つ「場所」への感覚を解きほぐす作業でもある。

2 　レジャー化する「夏フェス」

2-1 　フジロックから「夏フェス」へ

1997 年にスタートしたフジロックは，例年新潟県湯沢町苗場スキー場にておこなわれている音楽フェスである。平行して運営される大小 5 つのステージに洋邦 200 組ものアーティストが出演し，前夜祭込みで 4 日にわたって開催される同フェスには例年 12 万人もの動員があり，国内最大級の音楽イベントとして広く知られている。フジロックに並んで日本 4 大フェスとされるのが，ゼロ年代にスタートした茨城県ひたちなか市国営ひたち海浜公園で開催される ROCK IN JAPAN FESTIVAL（以下ロッキンジャパン），関東（千葉市美浜区の ZOZO マリンスタジアムおよび幕張メッセ）と大阪（舞洲 SONIC PARK）で開催される SUMMUER SONIC（以下サマソニ），北海道小樽市の石狩湾新港樽川ふ頭で開催される RISING SUN ROCK FESTIVAL（以下ライジングサン）だ。この 4 つの中で最も古いイベントであるのに加え，一度も欠かすことなく毎年定期的におこなわれていることから，フジロックは今日的な意味での国内フェスの先駆けと位置付けられている。

2019.7.26／近藤英梨子

　イギリスで 1970 年代からおこなわれている大規模フェス Glastonbury Festival of Contemporary Performing Arts を手本とし，オフィシャルパンフレット の巻頭言「これはただのコンサートではなく，本物のフェスティヴァルです」（日高 1997）にもあるように，新しい文化としてフェスを根付かせることを念頭にスタートしたフジロックは，1990 年代後半において他に類するものがないユニークなイベントであった。観客はもちろん，出演者も含めた関係者の多くがフェス経験を持たないという状況下，悪天候による中止や開催地の移転などさまざまな試行錯誤を経ながら時間をかけてイベントを練り上げてきたという経緯もそこにはある。サマソニに代表される 4 大フェスはもちろん，他の多くのフェスは，フジロックでの経験を踏襲しながら違う方向性のアイデアを発展する形で少しずつ整備されてきたといえる。

　それから 20 年が経過し，今日では数え切れないほどの野外音楽イベントがおこなわれている。これらは夏におこなわれるものが多かったことから「夏フェス」とも呼ばれている。今日の「夏フェス」は音楽鑑賞だけではなく食やアウトドアなどさまざまな要素を複合的に体験できる「参加型のレジャー」（宮入 2015; 永井 2016）と位置付けられていて，花火や遊園地に並ぶメジャーな行楽としての地位を獲得している。近年では開催時期が夏場に限られなくなり，

売上額(百万円)

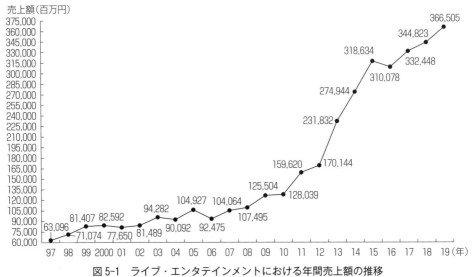

図 5-1　ライブ・エンタテインメントにおける年間売上額の推移
出所：ACPC「基礎調査報告書」(各年版).

「夏／秋／冬フェス」と呼ばれる各種イベントが日本中で開催されるに至った。

　ぴあ総研によれば，2019年におけるフェスの市場規模は330億円，動員数は295万人となっている（ぴあ総研 2020）。市場規模は前年比12.1%増，動員数は前年比8.5%増という伸び率である。一般社団法人コンサートプロモーターズ協会（ACPC）が算出したライブ・エンタテインメント市場規模の推移（図5-1）でもライブ関連の売り上げは右肩上がりとなっているが，これと入れ替わるようにCDやダウンロードなどソフトとしての音楽の売り上げは低迷している（ACPC 2018）。柴によれば，CDに代表されるパッケージ販売の衰退とストリーミングやライブ動員の勃興が生じているゼロ年代の音楽環境の変化が，ライブエンタテイメント市場が主流となる音楽に関する消費動向と軌を一にしている。CD購入からライブ・エンタテイメントへという移行は，単なる音楽体験のみならず，価値観の変化の現れとみなすことができるのだ（柴 2016）。

2-2　「夏フェス」経験の普遍性と汎用性
　前項で示したように，レジャーの定番とも言われている「夏フェス」はフジ

ロックおよびそれに並ぶ4大フェスから発展したものであり，CDに代表されるパッケージ販売と入れ替わる形で音楽市場に登場し，今日のライブ・エインタテイメント市場を下支えしている。この流れは，消費の中心が所有ではなく経験に再編されているという潮流，いわゆる「モノ」消費から「コト」消費への移行として理解することもできるだろう。

　経済やマーケティングの分野で広く議論がなされている「コト」消費だが，議論の起点となるのはコモディティ化だ。本来高い付加価値を持っていたはずの商品が類似品との競合や商品そのものの普及によって差別化できなくなり，最終的には価格競争に陥っていく過程を，本章ではさしあたりコモディティ化としておこう。こうした競争から脱却する手段のひとつとして示されるのが，経験（エクスペリエンス）を価値の中心に据えた経験経済である。コーヒーそのものの味や価値ではなく，そこにくつろいで滞在するという経験や場所，サービスを提供して成功を収めたスターバックスがその典型とされる（Pine and Gilmore 1999=2005）。

　近年では，高い商品価値をこれまで生み出してきた経験（エクスペリエンス）もまたコモディティ化しているのではないかとの議論がある。確かに，「夏フェス」での楽しみ方についての語りを分析してみると，そこにある種のフォーマットを見いだすことができる。具体的には，アウトドア要素を取り入れた服装にイベントのロゴ入りタオルなどを組み合わせたフェスファッションに身を包み，冷凍いちごを薄く削って盛り付けた「いちごけずり」やエスニックのワンプレート料理，あるいは串焼きとビールなどのフェス飯を食し，非日常感を満喫し，夕暮れ時の心地よい風とともに著名なアーティストの演奏を楽しむといったテンプレート化した一連の体験の提示だ。ここに示されるのは「夏フェス」という舞台で特定の服装や食べ物，振る舞を体験すること自体の目的化であり，それは「場所のエクスペリエンス」（永田 2014）と呼ぶべきフェス特有の「コト」消費の姿だ。

　「場所のエクスペリエンス」は音楽のジャンルや季節を超えてどの「夏／秋／冬フェス」であっても体験可能な「コト」であり，逆に個別のフェスが持つ独自性をここから見いだすのは困難だ。「場所のエクスペリエンス」についての語りで見られるフェスの差異はフジロックでは「もち豚にハイネケン」だっ

たのがロッキンジャパンでは「ハム焼きにバドワイザー」となる程度で，価格競争のフェーズにこそ達していないものの「夏／秋／冬フェス」の経験（エクスペリエンス）には普遍性・汎用性の獲得という意味でのコモディティ化の兆しを読み込むことができると思われる。

　しかし，だからと言って「夏／秋／冬フェス」に参加する観客が「フェスであればなんでも良い」「どのフェスに行ってもたいして変わらない」と考えているかというと，そのようなことは決してないはずだ。「場所のエクスペリエンス」とも呼べる普遍化された「コト」消費が「夏フェス」にはあるが，出演者の組み合わせやメインとなる音楽のジャンル，ステージの編成，宿泊形態，交通の弁，音楽以外の各種アクテビティなどを通じてフェスはそれぞれ独自の文脈，つまり「かけがえのなさ」を保持している。参加者はそこに各フェスの「らしさ」を見いだしていて，だからこそリピーターとして同じフェスに何度も出向くのだ。フェスを愛する人びとが語るこうした「かけがえのなさ」について検討を加えることは，フェスのエッセンスの再発見に繋がると思われる。

3　フジロックの「かけがえのなさ」と「場所」の語り

3-1　フェスの独自性と「場所」の固有性

　以下で用いるインフォーマントの語りは，1998年から継続的におこなっているフジロックでのフィールドワークや随時実施している個別インタビューの一部である。依頼の際に筆者がフジロックに通い詰めていることをあらかじめ伝えてあるため，初対面の場であっても相手の共感を求める形の投げかけとしての発話が見られる点に特徴がある。

　　湯沢から三国街道使って苗場スキー場に向かってると，トンネルを抜けたところで会場が目に飛び込んで来るでしょう？色とりどりのテントが立てられていて，お客さんがたくさん並んでて。あれ見ると，帰って来たなあ！って思うんだよねえ。(30歳台女性：98年からの参加：2005フィールドノート)

同窓会の場所に会いに行ってるというか。会場入ると清志郎さん流れて
　　る，あの瞬間がすごい好きなんです，あの瞬間だけのために行ってるみた
　　いな。苗場からか歩いてって，駐車場抜けて，入り口通った，あのあと，
　　に，会いに行ってる感あります。その時「解放された」みたいな感じがあ
　　る。(30 歳台女性：06 年からの参加：2014 トランスクリプト)

　これはフジロックの魅力と参加経験について語ったインタビューのうち，地
形やレイアウトに対する愛着が述べられている部分を引用したものである。ト
ランスクリプトでは割愛したが「トンネルを抜けたところで会場が目に飛び込
んで来るでしょう？」「あの瞬間だけのために行ってるみたいな」といった発
話の後には「わかる」「だよねえ」といった共感的な相槌が相互に繰り返され
ており，いずれも「あるあるトーク」として非常に盛り上がった対話の断片で
あることも合わせて示しておきたい。
　地形やレイアウトといった「場所」に対する感慨が共感を伴う対話として成
立するのは，「三国街道のトンネルの先」や「駐車場を抜けて入り口を通った，
あと」といった風景はフジロックに繰り返し参加すれば嫌でも目に入るもので
あり，これをありありと思い浮かべることができるのはリピーターという同志
の証であるとの認識が共有されているためだ。こうした感慨は，周囲が山に囲
まれていること，スキー場を会場としているために基本的なレイアウトに毎年
変更がないこと，会場内を移動する際には林の中をくぐり抜けたり川の上の橋
を渡ったりする必要があることといった，立地条件，つまり，苗場という「場
所」が持つ固有性と結びついている。
　この種の「場所」が持つ固有性への言及は参加者だけでなく主催者や出演者
もしばしばおこなっているところであり，たとえばフジロック 20 周年の記念
アクトを務めた電気グルーヴはライブ終盤に苗場の風景を取り入れた VJ で喝
采を浴びた。こうした場所についての「あるあるトーク」をフェスのオリジナ
リティに結びつける言説はフジロック以外のフェスでもしばしば見られる。本
章ではこれを「場所」の固有性によるフェスの独自性の表明と呼びたい。
　場所の固有性とフェスの独自性の分かちがたさは，各フェスが作成するオフ
ィシャルムービーからも見いだすことができる。イベント終了後にその年の出

演者や観客の様子などを2，3分にまとめて YouTube で公開するオフィシャルムービーは，それぞれのフェスの魅力を世界規模で発信する契機として最近注目されているメディアである。たとえば，サマソニの2018年オフィシャルムービー「SUMMER SONIC 2018 Documentary Movie」の冒頭で映し出されるのは，毎年会場となっている幕張にあるスタジアムの近くの歩行者専用の橋である。映像は海浜幕張の駅看板や幕張メッセの遠景を描写し，そこにライブや熱狂する観客を加えてマリンスタジアムなどの遠景が写し込まれる形で作成されている。

2000年にスタートしたサマソニは都市圏から電車で通える都市型フェスの先駆けであり，東京・大阪の2つの会場で同時開催される巡回型フェスとして圧倒的な知名度を誇っている。また，アイドルや J-POP も含んだ幅広いミュージシャンが出演しており，苗場で泊まりがけでおこなわれるロックミュージシャンを基本とするフジロックとは全く異なる特徴を持つフェスだ。

都市型・巡回型フェスの雄が公共施設である駅やホール，スタジアムを象徴的に用いるのは，幕張メッセとマリンスタジアムという固有の「場所」がサマソニ「らしさ」であり，自らの独自性と結びついているとのメッセージの表明にみえる。一方，フジロックのオフィシャルムービー「FUJI ROCK FESTIVAL'18 Aftermovie」が冒頭で切り取る「場所」は冬の苗場スキー場であった。雪に埋もれたスキー場が徐々にフジロックの会場へと整えられ，ライブや熱狂する観客を加えてフェスへと至る様子を描き出したこのムービーは，苗場スキー場がフジロックの独自性と分かちがたく結びついている「かけがえのない」「場所」であることを表現している。オフィシャルムービーが示す「場所」の固有性とフェスの独自性は，普遍化や汎用化を背景とするコモデティ化とは逆のベクトルで，フェスの商品価値を提示しているのだ。

3-2　構築された故郷＝ホームと「帰省」のレトリック

フジロックを含むさまざまなフェスでフィールドワークをおこなった永井は「その場所にあらかじめある魅力を再発見する」（永井 2016: 153）ことがフェスの特徴であるとした上で「ロケーションのユニークさがフェスの個性につながっている」（永井 2016: 153）と論じている。

この特徴が生起する背景として永井が注目するのは，大規模イベントをめぐる社会状況の変遷である。かつての東京オリンピックや大阪万博に代表される大規模イベントには，地域経済の活性化という期待があり，その先行投資として地方公共団体などによる大型資金の投入が当たり前のようにおこなわれてきた。しかし，1990年代からこの種の大規模イベントは失速し，それに代わって登場したのがフジロックに代表されるフェスであると永井はいう。苗場でのフジロック開催は西武鉄道グループのデベロッパーである株式会社コクド（現在は解散）と苗場プリンスホテルの熱心な誘致によるものであったが，スキー場の閑散期である夏期の利益を確保したいという施設側の意図がそこには存在していた。そのため，フジロックにはイベントのために新しく場所を整備するのではなく，今ある施設を生かしてイベントをおこなうとの前提があらかじめ組み込まれることになったのである。そのスタイルは各種フェスに受け継がれ，初期投資を少なく抑えた大型イベントのフォーマットとなり，今日のフェス隆盛につながると永井は論じている（永井 2016）。

　永井の議論を踏まえて本章で注目したいのは，固有の「場所」に紐づけられたフェスの独自性への感慨が「帰ってきた」「同窓会」といった故郷や帰省にまつわるボキャブラリーを援用して表現されているという点だ。フジロックは故郷＝ホームであり，日々の暮らしはアウェイであるとの見立ては，トランスクリプトで示されている「『解放された』みたいな感じがある」との言明からも読み取ることができるだろう。

　フジロックのリピーターたちがしばしば用いるこうしたコンテキストを「帰省」のレトリックとここでは呼んでおく。フジロックの関連グッズを扱うオフィシャルショップ岩盤が2015年からスタートさせた『富士祭電子瓦版』は，出演者や主催者に加えて観客のインタビューも紹介するWEBメディアであるが，そこで2018年に掲載された42歳女性のインタビューを見てみよう。2人の子供を連れて夫の転勤先である北海道から毎年フジロックに参加しているという彼女に投げかけられた，「そうまでして，なぜフジロックに行くのですか？」という問いについての回答が以下だ。

　　私にとっては完全に正月なので。あそこに行ったら1年始まるとか，1

年終わるとか，オルグの人でもこう言う人が多いんですけど，行くと親戚みたいな知っている人たちがいっぱいいて会える，盆正月に実家帰るみたいな感覚。だから毎年行くことが当たり前になっていて。子どもたちも今はまだ小学生なので，親戚の家に連れて行かれるみたいな感覚じゃないでしょうか。(富士祭電子瓦版 2018)

　話者自身が自分の出生地から離れて暮らしていることを踏まえて用いられる「(フジロックは) 私にとって完全に正月」であり「盆正月に実家に帰るような感覚」だとの語りは，フジロックに対する思い入れは実際の帰省経験に重ね合わせることで理解できるだろう，との話者側の見立てに基づいて示されている。
　故郷というフレームは，自分が生まれ育った場所や日々暮らしている場所の説明として本来は用いられる。それを年に数日現れるだけのイベント会場に適用するのは，冷静に考えればかなり突飛な言明だ。こうした飛躍にも関わらずフジロックのリピーターがフェスに対して「帰省」のレトリックを用いるのは，このフレームがフジロックへの思いを説得的に示すものであり，それによって初めての相手にも理解可能なものになると話者が経験的に知っているためであ

撮影：aihama.

ろう。ここで示される故郷とは，実際の生活を伴う故郷ではなく，話者と受け手の間にある相互作用を通じて構築された故郷＝ホームなのだ。

「場所」の固有性とフェスの独自性はコモディティ化した「夏フェス」とは逆のベクトルを持つ「コト」消費の魅力のひとつである。これに対し，「帰省」のレトリックが導くのは，話者や聞き手に共有されているフジロックと自分自身との間にある強いつながりを個人的に説明するコンテキストだ。それはフジロックこそが自分自身のアイデンティティと結びついた「かけがえのない」「場所」であるとの宣言であり，リピーターたちが持つフェスへの感慨に明確な輪郭を与える効果を持っている。こうしたレトリックの使用は，我こそはフジロックの主催者が提示する「らしさ」を正しく受け止めたリピーターであるとの彼らなりの表明と言えるだろう。

3-3　仕掛ける主催者，受け取る参加者

事実，フジロックには故郷＝ホームを想起させる仕掛けが多く含まれている。とりわけ会場の一部を解放して本番前日に無料開催される前夜祭は，この仕掛けの宝庫である。前夜祭のメインコンテンツは著名なミュージシャンによるライブだけではなく，ご当地音頭である『苗場音頭』を浴衣姿で輪になって踊り，打ち上げ花火を鑑賞するというプログラムだ。これはそのまま，お盆の帰省を想起させるものである。さらに，ライブアクトの前説では「みんなおかえり！」の呼びかけに対して一斉に「ただいま！」と答え，出演者と客席をひとつのフレームに収めた記念写真を撮影するというおまけまでついてくるのだ。「一番楽しいのは前夜祭」と語るリピーターは少なくない。それは明日からいよいよフジロックが始まるのだという期待や解放感に胸が膨らんでいるのに加え，故郷＝ホームとしてのコンテキストを主催者と参加者が共有していることを強く確認できるからであろう。自分の出生地の盆踊りは忘れてしまったが『苗場音頭』ならすぐにでも踊れるという者は，筆者も含め，少なくないように思われる。

永井は主催者が提示する環境設計という意味でのアーキテクチャーと参加者としての規範を内面化した観客とが相互に連関する場としてフェスを捉えていて，この連関が「フェスそのものへの忠誠心やフェス空間への愛着へとつなが

っている」（永井 2016: 88）と論じている。フジロックに関する語りをレトリックという点から見てみても，主催者側の仕掛けと参加者側の思いが相互に連関しながらひとつの言説／空間的な状況を作っている様子が見えてくる。

　故郷＝ホームとしてのフジロックを媒介にした主催者と参加者の絆は，苗場に対する現実的な貢献としても結実している。たとえば，2005 年の新潟中越地震時には FUJI ROCK FESTIVAL 新潟応援団事務局が立ち上がった際にはイベントを通じて 3000 万円近くもの義援金を集めた。その後も 10 年にわたり，震災後の風評被害対策の助けとして冬場のイベントが苗場にて継続的におこなわれてきた。それを客として支える基盤となったのもフジロックのリピーターたちなのである。フジロック開催に先駆けて毎年おこなわれている泊まりがけの会場補修も，リピーターのボランティアによって支えられている。なぜ，彼らは苗場を故郷＝ホームとする言説に積極的に参加し，心情的にコミットするだけでなく，経済的にも肉体的にもその場所を支え続けるのか。彼らの多くは 1990 年代後半に 20 代だった，「くるり」の岸田と同じ世代の人びとであったことを想起したい。地元を離れて上京し，現在とは全く異なる形で地元との人間関係が切断された経験を持つのが彼らである。ちょうど『東京』に歌われていたように。

4 ｜ 「帰省」のレトリックと第三の故郷

4-1 高度経済成長期の故郷喪失者たち

　地元を離れた若者が持つ望郷の念について流行歌の歌詞等から鋭く分析した見田は，「われわれにとって〈家郷〉はもはや否応なしに，人間がそこから出発しいつでもそこに還ることができる所与の自然としてではなく，構築すべき未知の世界としてしか存在することがない」（見田［1965］2008: 95）と論じている。見田が対象としたのは，高度経済成長期に出稼ぎなどの形で地方農村から出てきた，団塊の世代を中心とする若者であった。その分析にはいくつかの論点があるが，ここでは彼らの生まれ故郷である地方農村において村としての秩序と大家族制の崩壊が生じていることと，それによって「退路を断たれた」若者が，都市生活の中で自ら建設できる「ささやかな家郷」として家族を見いだしたこ

とに注目しておきたい（見田 [1965]2008）。

　見田にならい，出生地としての故郷を第一の故郷，その喪失を埋めるべく個人的に創設される「ささやかな家郷」（それは基本的には結婚して新たに作る家族のことである）を第二の故郷と呼んでおこう。恋愛結婚，妊娠，出産を主軸とする第二の故郷の創設は確かに個人的な営みであるが，労働者の不安を解消し産業社会の秩序を維持するとの意味において政治的な位置付けを合わせ持っている。その物質的基盤は，ホワイトカラーや労働者としての雇用や郊外のマイホームであった。第一の故郷を失った高度経済成長期の若者たちにとって，『こんにちは赤ちゃん』は望郷の歌であったと見田はいう。現実には恋愛や結婚が難しい人びとも好んで口ずさんだこの歌について，「恋愛と結婚と家庭の幸福への夢を繰り返し歌い上げるこれらの歌は，数々のホームドラマや女性週刊誌と共に，孤独な現代の若者たちの，まだ見ぬ心のふるさとの賛歌であった」（見田 [1965]2008: 92）のだ。

　こうした社会状況を踏まえると，忌野清志郎によるフジロックのオフィシャルソング『田舎へ行こう！〜Going Up The Country〜』がより立体的に理解できるように思われる。トランスクリプトで「会場入ると清志郎さん流れてる」と言及されているように，フジロックを象徴するこの曲は，フジロックを主催する株式会社スマッシュ代表の日高正博が朋友である忌野に依頼して作られた。その際，1960 年代にデビューしたアメリカのバンド Canned Heat の『Going Up The Country』をイメージとして欲しいと告げられたというのはファンには広く知られている。

　『Going Up The Country』は 1969 年にアメリカでおこなわれた歴史的なロックフェス，Woodstock Music and Art Festival（以下ウッドストック）を描いたドキュメンタリー映画『ウッドストック 愛と平和と音楽の 3 日間』の冒頭でも用いている。「I'm goin' up the country, baby don't you want to go?」「I'm gonna leave this city, got to get away」と繰り返される導入部分の曲調は，若者たちが地元から旅をして三々五々ウッドストックの会場に集まる様子にぴったりだ。こうした若者の行動は，第一の故郷を離れて第二の故郷を求める都市化という社会状況と，もちろんパラレルであろう。『Going Up The Country』は「この町」を離れた僕が旅を重ねて「ホームを得る」ところで唐突に終わり

を告げる。それは以下のような歌詞だ。

No use in your runnin', or screamin' and cryin'
'Cause you got a home as long as I've got mine

　出生地を離れて旅を続けた先に home を得るとのメッセージが込められたこの曲をテーマソングの例として選んだ日高は，第一の故郷を離れて東京へ出てきた団塊の世代であった。今いる「場所」から離れた先に故郷を得るという構造をここにも見ることができるのだ。

4-2　就職氷河期の故郷喪失者たちと第三の故郷のこれから

　故郷に残した恋人との恋愛感情の喪失を歌った「くるり」の『東京』に戻ろう。1990 年代後半からゼロ年代にかけて若者を直撃し，現在に至るまで解決していない社会構造上の大きな変化として，雇用の不安定化と晩婚化がある。第二の故郷の物資的基盤たる正規社員から排除され，「ささやかな家郷」の獲得の契機を失われた最初の世代がまさに彼らなのだ。農村の秩序と大家族制の崩壊が生じた高度経済成長期は人びとから第一の故郷を奪ったかもしれないが，終身雇用と年功序列の崩壊により企業社会の解体が生じた就職氷河期は，人びとから第二の故郷を奪ったともいえるだろう。

　「君とうまく話せるかな」「君が素敵だったことちょっと思い出してみようかな」と繰り返される『東京』を聞いていると，切実さや焦りと同時に何かを突破しようとする力強さや希望が呼び覚まされてくるようにも感じられる。考えてみれば，地元に残って恋人と結婚し，幸福な家庭を築くような人生は 90 年代の若者にとって凡庸な選択であり，アマチュアで評価を得ていたバンドマンであれば，上京して一旗上げる志の方が何倍も魅力的だったはずだ。

　高度経済成長期の若者が第一の故郷の磁場から脱出して第二の故郷に魅力されたように，就職氷河期の若者は第二の故郷の磁場から脱出して第三の故郷とも呼ぶべき新しい居場所を探していたのではないか。『東京』から感じられる捨て鉢な清々しさは，新たな地を求めた若者のエクソダスによるものだったのである。リピーターたちがフジロックに積極的なコミットを見せるのは，第二

の故郷たる家族を超える居場所を求めていた当時の若者が，第三の故郷として
の可能性をフェスに見出していたという「場所」をめぐる逼迫した状況がある
といえよう。高度経済成長期と就職氷河期の若者は，次なる故郷を求めざるを
得ない切実さという点で共通性を持っていたと見ることができるのだ。

　フジロックのリピーターがフェスに見出した第三の故郷の可能性は，ゼロ年
代以降の若者たちに引き継がれていくのだろうか。地元志向が指摘される今日
の若者はそもそも第一の故郷を喪失しておらず，第二の故郷たる家族形成も多
様なものとなりつつある。また，IT 技術の発達により，物理的な距離とは無
関係に人間関係を形成・維持することが極めて容易となり，1990 年代の若者
の背景にあった物理的・心理的なリセットが実質的に消失した。こうした状況
下では第三の故郷は不要となるようにも思えるが，さまざまな地域でおこなわ
れる地方フェスが増加の一途をたどっているのも周知の通りだ。そこではコモ
ディティ化した「夏フェス」ではなく，場所の固有性を有した独自のフェスが
志向されているようにも見える。

　地方フェスの例として，兵庫県伊丹市にて開催されている ITAMI GREENJAM
（以下グリーンジャム）を見てみよう。伊丹の憩いの場である昆陽池公園で 2014
年から開催されているこのフェスは，2018 年には来場者数が 2 万 5000 人に達
し関西最大級のローカルフェスのひとつとも言われている。グリーンジャム成
長の背景について，一般社団法人 GREENJAM 代表の大原智は「このイベン
トは構造として，昔ながらの『地域のお祭り』と一緒なんです。だからこれだ
けのイベントになったんだと認識してます。」と語っている（JUNGLE☆LIFE
2019）。確かにグリーンジャムは伊丹市で暮らす地域の人びとによる知恵と協
力の結晶として運営されていて，市民一人ひとりのクリエイションを発揮する
プラットフォームとしての機能をフェスのコンセプトに据えるまでに至ってい
る。そこに見られるのは，出生地を離れて旅を続けた先に「場所」を求めたい
とする心性ではなく，出生地に留まりながら新たな価値を作り出し，発信した
いという姿勢だろう。

　2018 年におこなわれた平成最後の「第 69 回 NHK 紅白歌合戦」では，徳島
県出身の米津玄師が，彼の地元である大塚美術館から中継という形で初登場し
た。かつて紅白といえば，初出演となる若手アーティストが NHK ホールのス

テージ上から地元に向かって語りかけ，親や兄弟などが見守るなか涙ながらに持ち曲を披露するのが定番だったはずだ。それは第一の故郷を喪失したかつての若者達に大きな共感やカタルシスをもたらしたはずである。しかし地方から価値を発信するという地方フェスの現場からは，これまでの構図をなぞる形で故郷を描くことができない新しい状況が生じつつあるように見える。フェスにまつわる若者と「故郷」の構図についての考察は今後新しい局面を迎えることになるだろう。そこで語られるフェスと「場所」の語りは，構築された故郷＝ホームではなく，出生地＝故郷＝ホームとしての固有性なのかもしれない。

📑 参考文献・ウェブサイト

富士祭電子瓦版（2018）富士祭電子瓦版 - FUJI ROCK FESTIVAL ELECTRONIC NEWS「【こどもフジロック】子連れフジロッカーズ・インタビュー Vol.6 〜夏目家・北海道から苗場へ〜」2018 年 07 月 19 日（https://frf-en.jp/fujirock-for-family/kodurefujirocker-vol6, 2019 年 8 月 25 日取得）.

FUJI ROCK FESTIVAL'18 Aftermovie（2018）2018 年 8 月 13 日（https://youtu.be/DD3WFRDrejE, 2019 年 8 月 25 日取得）.

日高正博（1997）『フジロックオフィシャルパンフレット』スマッシュ.

一般社団法人コンサートプロモーターズ協会（2020）『基礎調査推移表』（http://www.acpc.or.jp/marketing/transition/, 2021 年 1 月 5 日取得）.

JUNGLE☆LIFE（2019）「ITAMI GREENJAM'19 特集 !!」（https://www.jungle.ne.jp/sp_post/itami-greenjam19/, 2019 年 8 月 25 日取得）.

岸田繁（2014）「くるりの『東京』って，所持金と口座の残高合わせて 500 円くらいの時に，足立区の綾瀬で書いた曲なんよ。遠く離れた恋人のことがどうでも良くなったような気持ちになって，すごく不安になったけど，なんだか東京の夜風がそよそよと心を吹き抜けて行ってくれた時，とてもいい気分になって書いた歌。」［Twitter post］（Retrieved from https://twitter.com/kishida_qrl/status/473147524820119552）.

見田宗介（1965）「新しい望郷の歌──1960 年代の社会心理状況」『日本』8 (11): 214-219.（再録, 2008,『まなざしの地獄──尽きなく生きることの社会学』河出書房新社, 77-96.）

宮入恭平（2015）「Part 2　レジャーの歴史と現在 8　音楽」渡辺潤編『レジャー・スタディーズ』世界思想社, 118-132.

永井純一（2016）『ロックフェスの社会学──個人化社会における祝祭をめぐって』ミネルヴァ書房.

永田夏来（2014）「越境する夏フェス女子──音楽とインターネットをめぐるインテグラルなアクション」吉光正絵・池田太臣・西原麻里編著『ポスト〈カワイイ〉の文化社会学──女子たちの「新たな楽しみ」を探る』ミネルヴァ書房, 109-134.

ぴあ総研（2020）『音楽フェス市場調査』（https://corporate.pia.jp/news/detail_live_enta20200730_fes.html, 2021 年 1 月 5 日取得）.

Pine, J. and Gilmore, J.（1999）*The Experience Economy*, Harvard Business School Press.（＝2005, 岡本慶一・小高尚子訳『新訳経験経済』ダイヤモンド社.）

柴那典（2016）『ヒットの崩壊』講談社.

SUMMER SONIC 2018 Documentary Movie（2018）2018 年 8 月 13 日（https://youtu.be/XTelk CNwCwA, 2019 年 10 月 15 日取得）.
総務省（2018）『動体通信（携帯電話・PHS）の年度別人口普及率と契約数の推移』（http://www. soumu.go.jp/soutsu/tokai/tool/tokeisiryo/idoutai_nenbetu.html, 2019 年 8 月 25 日取得）.
総務省（2018）『動体通信（携帯電話・PHS）の年度別人口普及率と契約数の推移』（https://frf-en.jp/fujirock-for-family/kodurefujirocker-vol6, 2019 年 8 月 25 日取得）.

「応援上映」という瞬間的共同体

大倉　韻

　近年，映画館で声を出したりペンライトやサイリウムを振ったりしながら映画を鑑賞する，いわゆる「応援上映」が注目されている。2016 年公開のアイドルアニメ『KING OF PRISM by Pretty Rhythm』で話題になり，2017 年のバスケアニメ『黒子のバスケ LAST GAME』でブームが加速し，2018 年の『名探偵コナン ゼロの執行人』では年間興行収入 2 位の原動力ともなった応援上映だが，どうやらそこでもっとも重視されているものは「観客みんなで応援する一体感」であるようだ。

　たとえばあるキャラが怪我をするシーンでは，観客から「危ない！」「気をつけて！」などの悲鳴が上がる。だがもちろんその呼びかけにキャラが反応して展開が変わることはないし，呼びかけた本人もそんなことは期待していない。また，キャラのキメゼリフにツッコミを入れて他の観客の笑いを誘うような場面も頻繁にみられる。どうやら応援上映という言葉のイメージに反して，観客達はキャラクターを応援することよりも作品を媒介にしていかに盛り上がるかを重視しているように感じられる。つまり，応援上映の目的は「応援」ではないのではないか。

　このことについて考えるために，スポーツアニメの応援上映を現実のスポーツ観戦と比較してみると，応援上映はスポーツバーなどでの試合観戦に似ていることに気付く。スタジアムで選手たちを鼓舞するために声を張り上げる（文字通りの）応援とは違い，自宅でひとりテレビを見ながらチャンスやピンチに思わず声を上げる行為とも違い，スポーツバーなどでの観戦は「興奮や感動を誰かと共有したい」という気持ちがたまたま応援という形をとって現れたものと考えることができる。

　河津孝宏（2009）はラグビー観戦を例に取り，引退したスポーツマンがその後もスポーツに関わり続けるためには，そのスポーツを軸とした新たな人間関係を構築して「観戦者としての共同性」を獲得する必要があり，さもなければ共同体から脱埋め込みされたまま「自由で孤独な実践（＝観戦）」を続けることになると論じた。スポーツ観戦はただ競技（者）と観戦者だけで成立するわけではなく観戦者同士の共同性が重要だという彼の指摘は，スポーツバーでの観戦の動機をうまく説明しているといえるだろう。

　これまで，オタクのコンテンツ消費は「自由で孤独な実践」であり続けてきた。マンガやアニメやゲームの消費は基本的にはひとりでおこなうもので，ファン同士の交流や感動の共有は消費が終わった「あとに」おこなわれるものだった。し

かし応援上映では，ストーリーの盛り上がりと「同時に」観客も盛り上がること
ができる。普通の映画鑑賞では同じ作品のファンが一箇所に集まってはいるもの
の共同性は存在しなかったが，応援上映なら「みんなで見てみんなで盛り上が
る」ことができ，共同性を獲得することができる。他人同士が，上映中だけ一緒
にお祭り騒ぎをし，映画館を出たらふたたび他人に戻る，そういう「瞬間的な共
同体」，あるいは「後腐れのない集合的沸騰」が，応援上映に求められている要
素ではないだろうか。[3][4]

　振り返れば2010年代の若者に関しては非日常的なドキドキ感を取り除いた
「日常の中の恋愛」（木村 2016）や，地元のイオンモールのような「ほどほどパラ
ダイス」（阿部 2013）などといった熱量の低い行動が注目されてきたが，そうし
た平熱の日常に対する反動のひとつとして応援上映を見ることができるのかもし
れない。

付記

　このコラムは同人誌「Logical Product vol.35」（2017年，サークル：Logical Product,
編集：タマガワヒロ）に寄稿した原稿「応援上映という『2時間だけのコミケ』」を
もとに修整を加えたものである。

■ 注

1）確認できた限りでは青森・山形・福井・鳥取を除く43都道府県の，主に複合商業施設内
のシネコンで応援上映が開催されていた。とはいえ東京近郊や大阪・名古屋以外の地域
では開催期間が短く開催場所も少なくなっており，やはりある程度以上人口が密集して
いる都市部でないと継続的な開催は難しいようだ。
2）テレビ番組を見ながらSNSに感想を投稿する「リアルタイム実況」も，これと基本的な
価値観を共有していると思われる。
3）応援上映に参加してみると普段あまり耳にすることのない女性たちの絶叫に驚かされる。
応援上映には，日常生活で大声を出すことを抑圧されている女性たちが応援という大義
名分を得て好きに騒げる，数少ない解放区という側面もあるのかもしれない。
4）1章で言及した二種類のオタクのうち，応援上映にはどちらのタイプのオタクも参加し
ているようだった。複数人で参加し，ひときわ大きな声でネタ的な発言をおこなう観客
＝共有優先型オタクが目立つが，ひとりないし2人で参加し，キャラクターとの擬似的
な対話や素朴な応援をおこなう観客＝消費優先型オタクも決して少なくはなかった。

📑 参考文献

阿部真大（2013）『地方にこもる若者たち——都会と田舎の間に出現した新しい社会』朝日新
聞出版.
河津孝宏（2009）「一人ぼっちでラグビーを」宮台真司・辻泉・岡井崇之編『「男らしさ」の

快楽——ポピュラー文化からみたその実態』勁草書房，107-135.

木村絵里子（2016）「『情熱』から『関係性』を重視する恋愛へ——1992 年，2002 年，2012 年調査の比較から」藤村正之・浅野智彦・羽渕一代編『現代若者の幸福——不安感社会を生きる』恒星社厚生閣，137-168.

現代のメディア空間と友だちとのつながり方
——匿名性から考える

福重　清

1 　座間 9 遺体事件とその報道が提起したもの

　2017 年 10 月末，ショッキングなニュースが世間を駆けめぐった。神奈川県座間市の 27 歳の男が住むアパートの室内から，女性 8 人，男性 1 人，合計 9 人の遺体が見つかったという。いわゆる「座間 9 遺体事件」である。

　この事件をめぐる報道では，被害者のひとりである女性が，Twitter を通じて犯人と知り合い，行動を共にした後，事件に巻き込まれたとみられることから，Twitter のような SNS と事件との関わりがたびたび取り上げられた。そうした報道の中で，特に言及されたのが SNS 上の人間関係の「匿名性」という特性である。事件発覚から半年間になされたこの事件に関する新聞報道の数は，朝日，毎日，読売の三大新聞の東京本社の朝夕刊の記事だけで 392 件あったが，そのうちの 6.4％にあたる 25 件の記事の中で「匿名」ということが言及されていた。[1]

　代表的な言及のされ方のひとつを見てみよう。以下は，「標的：座間 9 人遺棄事件／下　孤独につけ込まれ　名前も知らない『理解者』信じ」という見出しのついた毎日新聞 2017 年 11 月 4 日付朝刊の記事の一部である。

　　年齢や性別，職業，住む場所を問わず，さまざまな人々をつなげるソーシャル・ネットワーキング・サービス（SNS）。共有された情報や感情は，孤独や疎外感を和らげたり新たな出会いを生んだりする。ただ，顔や名前を明かさずに済む匿名空間の心地よさの裏には闇が広がる。

「消えてしまいたい」「一緒に死んでくれる人募集」。ツイッターには，「希死念慮」にとりつかれた人たちが，つぶやきを交わす空間が出来上がっている。行方不明となった八王子市の女性もそんな一人だったのかもしれない。(毎日新聞 2017 年 11 月 4 日付朝刊)

　こうした記事の多くが指摘しているのが，メディア空間という匿名的な他者ばかりが登場する場において人間関係を築こうとすることへの疑問である。メディア空間において出会う他者というのは，ほとんどが見知らぬ，匿名的な他者である。若者たちが，そんな他者を信頼し，悩みを打ち明け，直接会い，行動を共にしてしまうのは，なぜなのか。まったく理解に苦しむという具合である。

　しかしながら，現実の若者の行動を見ていると，メディア空間において，匿名的な他者とつながりを持つことにそれほど抵抗感を抱いていない様子もうかがえる。たとえば，Twitter などには，「#○○フレンド募集」や「#○○好きと繋がりたい」というようなハッシュタグをつけた出会いを求めるメッセージが数多く投稿されていて，そこから見知らぬ者同士でやりとりが始まるというようなことが，もはや珍しいことではなくなっている。また，何か少しでも共通項があれば，その関係は，メディア空間の中から対面的状況にも持ち込まれる。たとえば，大学に入学することが決まった新入生が，入学式よりも前の時点で，Twitter などを通じて入学予定者と知り合い，ネット上でやりとりを重ね，入学式の直後に対面するというようなことは，今日よく見られる光景である。彼らは，「#春から○○大学」というようなキーワードでまず検索をおこない，そこでヒットした相手にメッセージを送り，返信がきちんと返ってきたところで相手を信頼するようになるようである。筆者が担当しているゼミの学生も，そうした経験をしていると私に話してくれたことがある。

　もちろん，同じ大学の新入生とはいえ，最初にメッセージを送る相手は会ったことも，話したこともない他者である。手がかりは，「#春から○○大学」というハッシュタグだけだ。それでも，それは，若者たちにとってはまったく何の手がかりもない「匿名的な他者」というわけではなく，「○○大学の新入生」という共通項のある他者であり，直接やりとりをする信頼の置ける他者に

なっているのである。

　メディア空間に見られる，若者たちのこうした人間関係を私たちはどう理解したらいいのだろうか。見知らぬ他者との関係は，従来，一括して「匿名的な関係」ととらえられ，「親密な関係」にはなりえない関係だと考えられてきた。そのような考えは，もともと都市化する社会の人間関係を議論する中で提起されたものであり，それがメディア空間の人間関係をめぐる議論にも拡大されていった。

　では，今日の若者にとって，メディア空間において他者と出会い，親密な関係を築くということは，どのように考えられ，また実際，どのようになされているのか。若者たちとインターネットとの関わり，特にそこでの人間関係の持ち方の実態はどうなっているのか。本章では2014年の調査データをもとに，これらを検討していくことにする。

2 匿名的な人間関係をめぐる議論の変遷

2-1 「匿名的な人間関係」への注目──都市的社会関係論

　まずは，「匿名性」や「匿名的な関係」をめぐる議論の流れを振り返ってみよう。

　そもそも「匿名的な関係」が最初に注目されたのは，20世紀前半のシカゴ学派の都市社会学の議論のなかであった。産業化の進展に伴って急速に都市化していった当時のシカゴを研究した社会学者たちは，そこに見られる人間関係が，従来の村落的な社会で見られた人間関係とは異質なものであることに注目した。たとえば，R. E. パークは，都市では，村落においてよく見られるような包括的で親密で対面的な結合と協同を基調とする第一次的関係が弱体化し，代わりに，断片的，間接的で，互いをよく知らぬままに関わり合う第二次的関係が増大して，結果的に村落にあったような素朴な道徳的秩序が崩壊していくと指摘した（Park 1915=1978: 77）。パークがこのように論じた都市的社会関係の特徴を，さらに具体的な形で論じたのが，L. ワースである。

　ワースは，都会人の特徴を詭弁性，合理性にあるとし，その根源には，匿名的，非人格的，環節的，表面的，一時的な関わりを特徴とする都市的社会関係

があると指摘した（Wirth 1938=1978: 136）。

　パークやワースのような都市社会学者にとって，「匿名的」——見知らぬ者どうしによって成り立つ——という特徴を持つ都市的社会関係は，都市の特徴を論じる際の重要なポイントのひとつであった[2]。

　都市生活者にとっての「匿名性」という問題を明示的に議論したのは，L. ロフランドである。ロフランドは，『見知らぬ人の世界（A World of Stragers）』という著書の中で，「都市で生活するということは，……（中略）……多くの見知らぬ人に囲まれて生活することであり，都市を経験するということは，……（中略）……匿名性を経験することである」（Lofland 1973: vii）と述べ，見知らぬ人に囲まれて生活する都会人には，特有の行動やふるまいがあることを論じた。

　ここで「匿名性」について確認しておこう。E. ゴフマンは，「自分を知る者」と「自分を知らぬ者」について論じている。彼は，「自分を知る者（the knowing）」を，「ある個人について個人的アイデンティティを同定できる人びと」（Goffman 1963=2003: 116）であるとし，「自分を知らぬ者（the unknowing）」を，「彼らにとって当該の個人がまったく未知であるような人びと」（Goffman 1963=2003: 116）であるとした。ここで「個人的アイデンティティ」とされるのは，名前や容姿のように「特定個人が他のすべての人びとから区別」（Goffman 1963=2003: 102）されるものであり，またそのために用いられる，経歴などの生活誌的な情報である。ロフランドの「見知らぬ人（the stranger）」の説明も，このような観点を共有しており，彼女は「見知らぬ人」を，「視覚的にはとらえられているが，個人的には知られていない人である」（Lofland 1973: 18）と定義している。ここで確認しておきたいのは，匿名性は連続体と考えられているということである。つまり，ロフランドの定義では，「見知らぬ人」は，「個人的には知られていない人」であるが「視覚的にはとらえられている」とされており，「まったく見たことも聞いたこともない人」だとはされていない。この点については，S. ミルグラムが「匿名性の連続体（continuous spectrum）」として議論している。彼によれば，「匿名性」の一方の極には「完全な匿名（total anonymity）」が，他方の極には「完全な知己（full acquaintance）」が，考えられるという。「完全な知己」の関係では安全や馴れ親しみが得られるが，時にそれは窮屈な関係にもなる。一方，「完全な匿名」の関係では，「自由」や「解放

感」が感じられるが，それが疎外感や孤独感になることもあるという（Milgram 1970: 1464）。ロフランドの「見知らぬ人」も，この連続体の中に位置づけられ，それは「完全な匿名」というわけではない。ゴフマンも同様の指摘をしており，「大都市の公道は，穏当な行動をしている者には匿名的状況を与えるが，この匿名は生活誌的であるという点に注意しよう。というのは，社会的アイデンティティに関して完全な匿名というようなことはほとんどあり得ないからである」（Goffman 1963=2003: 117-118）と述べている。

　「匿名性」をこのようにとらえるなら，「匿名性の連続体」の中での位置を左右するのは何なのか。この点については，永井良和が，「それは，当該個人に関する『情報』の量ということになるだろう」（永井 1986: 81）と論じている。永井は，「ここでいう『情報』とは，情報の内容がインフォーマント（＝情報発信者）自身に関するものであり，また，彼の『面前』にいる人びとに対して伝えられるような種類のものである」（永井 1986: 81）と述べ，そのような情報をゴフマンに倣って「社会的情報」とした。そこから永井は，「匿名的」という語を，「相手に関する社会的情報──とりわけ彼の生活誌的な情報──が相対的に不足している状態」を指すものとした。

　「匿名性」をこのようなものととらえたなら，それが都市において問題になるのはどうしてなのか。永井は，ロフランドなどの議論をふまえて，「匿名性」が都市における「危険」をもたらすものであるという点をこう指摘している

> 「知り合いでない者どうし」であることは，相互作用主体としての個人にとってみると，相手の出かたを予測したり，自分の対応を決定することが困難な状態であるといえよう。判断の根拠となる「情報」が不足しているために，相手の「意図」を読むことができないのである。……（中略）……相手の意図が判断できないこと，特に相手が自分に危害を加える「予兆」を知ることができないことは，都市生活が孕んでいる「危険（risk）」のひとつである。（永井 1986: 82）

　さて，ここまでの議論で，「匿名的な人間関係」がなぜ都市において問題とされてきたのかが理解できただろう。こうした都市の人間関係については，日

本国内でも議論がなされた。たとえば，高橋勇悦は，1987年に記した論文の中で，「今日の青年は高度経済成長期に生まれ，都市化社会に育った。……（中略）……今日の少年は都市化社会に生まれ育った。いずれにせよ，これらの青少年は，それ以前に生まれ育った世代とは非常に異なる社会的状況のなかで成長してきた」（高橋 1987: 2）として，都市の人間関係を考える上で若者の人間関係に注目することの重要性を説き，その特徴を次のように指摘した。

> 一方においては，挨拶や会話をかわし，ときには相談しあう間柄であっても，他方においては，深い親密な関係を持とうとはしない。これは，しいていえば，けっして二次的関係（secondary contacts）とはいえないが，さりとて一次的関係（primary relations）ともいえない，両者が併存する，あるいはその中間の，1.5次関係というべき人間関係である。今日の青少年の人間関係のひろがり（ネットワーク）の特質はここに求めなければならない。（高橋 1987: 9）

高橋が提起した，都市的社会関係の代表として都市の若者の人間関係を考えるというテーマは，その後，若者の親密な人間関係——特に友人関係——を考えるというテーマに展開していった。なかでも浅野智彦は，1992年に東京と神戸でおこなわれた調査データをもとに，都市の若者の友人関係が，生活の広範な文脈を共有する〈包括的コミットメント〉という関係性——それは従来，第一次関係として論じられていたものだが——から，生活の文脈を限定的・選択的にのみ共有するような〈選択的コミットメント〉という関係性に変わりつつあるという見方を提示した（浅野 1999: 41-57）。

2-2 「匿名的な人間関係」をめぐるもうひとつの議論
——メディア・コミュニケーション論

一方，匿名的な人間関係をめぐる問題を別の角度から議論したのが，メディア空間の人間関係をめぐる議論である。

この種の議論の端緒として挙げられるのは，1975年に平野秀秋と中野収が論じた「カプセル人間」論である（平野・中野 1975）。中野は，「カプセル」と

しての自室に居ながらテレビやラジオ（深夜放送），電話などの情報機器を通じて外界と関わろうとする若者たちが登場しつつあることを指摘し，そうした若者たちを「カプセル人間」と呼んだ。

1980年代に入ると，「オタク」論が登場する。「オタク」をめぐる議論の内容については，1章で詳しく論じられているのでここでは割愛するが，当初は「オタク」を肯定する議論と否定的に論じる議論が相半ばしていたのが，1989年のいわゆる「連続幼女殺害事件」を契機として，その論調が「反社交性」や「病理性」を強調するものばかりに変化していったという流れは押さえておくべきであろう。

そして1990年代に入ると，若者たちのメディア・コミュニケーションの実態を論じようとする議論が登場する。たとえば，1992年には吉見俊哉らによる『メディアとしての電話』が，1994年には富田英典の『声のオデッセイ ダイヤルＱ２の世界——電話文化の社会学』が出版され，若者たちの電話コミュニケーションの実態が論じられた。一方，この頃に続々と登場したのが「パソコン通信」に関する論考である。たとえば，加藤晴明は「パソコン通信とメディア特性」（加藤 1991: 211-215）として，パソコン通信には〈ふれあい魅力〉，〈当事者魅力〉，〈戯れコミュニケーション魅力〉という3つの魅力があるということを論じた。

電話やパソコン通信といったメディア空間の中でのコミュニケーションと人間関係について論じた議論として特筆されるのは，森岡正博の議論である（森岡 1993）。森岡は，「メディアの中で誰かと会話することそれ自体を目的とするようなメディアの使い方」のことを「意識通信」と呼んだ（森岡 1993: 9）。また，電話のように「視聴覚や匂いなどの要素が排除された」メディアのことを「制限メディア」と呼び，電話に関しては，「(1) 匿名性，(2) 断片人格，(3) 自己演出」という性質があるとした（森岡 1993: 10-11）。その上で，森岡は，同様の制限メディアにはパソコン通信が該当するとし，そこでのコミュニケーションには，電話以上に上記の3つの性質が当てはまるとした。

また，森岡は，「匿名性」ということに関連して，次のような議論を展開している。

コミュニティには，（1）地域性のコミュニティ，（2）共同性のコミュニ
　　ティの二種類がある。……（中略）……私は，この二種類のコミュニティ
　　に加えて，「匿名性のコミュニティ」を第三のコミュニティ概念として提
　　唱したい。匿名性のコミュニティとは，それを構成する人々がお互いに匿
　　名の状態であるにも関わらず，お互いに親しみを感じたり，あるいは価値
　　観を共有したりするような人間関係の場であることである。匿名性のコミ
　　ュニティは，都市の雑踏のファッション街や，ロックコンサートの観客席，
　　パソコン通信などのチャットに見られる。そこで人々は，匿名性に守られ
　　たまま，匿名性のコミュニケーションを互いに交わす。(森岡 1993: 76)

「匿名性のコミュニティ」というのは，とてもパラドキシカルである。都市
的社会関係論の中では親密な関係を阻害するとされてきた匿名性が，ここでは
そのまま親密な人間関係を形成するものとして論じられている。
　こうした電話やパソコン通信の問題として論じられていたテーマは，2000
年代に入る頃からはケータイ（携帯電話・PHS）やインターネットの問題として
論じられるようになる。たとえば，富田英典は，「都市空間における匿名性と
メディア上での匿名性は異なる」(富田 2002: 57)とした上で，その「匿名性」
についてこう述べている。

　　都市空間における匿名性は，お互いの顔も姿も見えているが，お互いに
　　相手のことは何も「知らない」ことを意味している。それに対して，メデ
　　ィア上の匿名性は，自分の姿が相手に見えないところに成立する。つまり，
　　相手が誰なのか「わからない」のである。……（中略）……そこにあるの
　　は，声や文字などのわずかな情報でしかない。そこから相手を特定するこ
　　とは難しい。(富田 2002: 57-58)

その上で，富田は，インターネットに接続されたケータイが登場したことで，
都市空間に新たな人間関係が持ち込まれたという。

　　これまで私たちは，見慣れた人＝親密な関係，見慣れない人＝疎遠な関

係という構図の中で生活してきた。しかし，都市化がすすむなかで，新し
い関係が生まれてきている。かつて，ミルグラム（1977）は，通勤電車な
どでよく見かける乗客で，顔はよく知っているが言葉を交わしたことはな
い他人を，ファミリア・ストレンジャーと呼んだ。都市空間とは，まさに
ファミリア・ストレンジャーのあふれた空間なのである。……（中略）
……そんな都市空間にインターネットに接続されたケータイが持ち出され
はじめた。……（中略）……その結果，対面的な都市空間に非対面的なメ
ディアを介した親密な関係があふれ出したのである。……（中略）……こ
のような匿名性を前提としたメディア上の親密な他者を，インティメイ
ト・ストレンジャーと呼んでおきたい。（富田 2002: 62）

　富田は，匿名性を前提としたメディア上の親密な他者を「インティメイト・
ストレンジャー」と呼んだ。そして，メディアのなかの匿名性の性質を，次の
ようにまとめた。

　　メディアによって保証される匿名性は，現代社会に潜む危険から私たち
　を守ってくれる。都市も匿名性の空間である。しかし，そこには，つねに
　自分の身体を相手にさらしているために起こる危険性がつきまとう。メデ
　ィアのなかの匿名性は，一瞬の内に相手の目の前から姿を消し，いつでも
　関係を切断することを可能にするのである。匿名性に守られながら関係が
　継続するとき，そこで生まれる親密さは急速に深まる。（富田 2002: 88）

　2000 年代以降，ケータイやインターネットをめぐる論考は数多く出されたが，
「匿名性」と「親密性」をめぐる議論の基本的な構図は，これまでの議論とあ
まり大きくは変わっていないようである。その後，ケータイはスマートフォン
に取って代わられる中，メディア・コミュニケーションをめぐる議論は，SNS
や MMM（Mobile Media Mode）[3]，「ネット依存」，「スマホ依存」，「炎上」などと
いった新たな論題を提起しながら今も進行している。

2-3 「匿名性」をめぐるいくつかの論点

以上のように議論を整理してみると,「匿名性」をめぐるいくつかの論点が浮上してくる。

まず,都市的社会関係に関する議論では,都市の「匿名性」は,親密な関係を阻害するものと考えられていた。相手の意図が判断できないこと,相手が自分に危害を加える「予兆」を知ることができないということは,まさに「危険」にさらされているということだからだ。これが第1のポイントである。

〈包括的コミットメント〉を基調とする第一次的関係では,N. ルーマン (Luhmann 1973=1990) が言うように,馴れ親しみによって「人格的信頼」が成り立つ。そこに「危険」は存在しない。一般的には,そのような関係が「親密な関係」だとされる。だから,「匿名性」を特徴とする都市的社会関係は,その対極に位置することになる。これが,古典的な都市的社会関係論の論理であった。

第2に,メディア空間における「匿名性」は,都市空間における「匿名性」とは異なり,「インティメイト・ストレンジャー」論に代表されるように,必ずしも親密な関係を阻害するものとは考えられていない。メディア空間の「匿名性」は,自分の姿が相手に見えないところに成立する。森岡の指摘に倣うなら,人格も断片化され,そこに登場する人物像は演出されたものでさえありうる。つまり,相手がどのような人物なのかまったくわからないという状況を生み出す。その点では,「匿名性」は,より高くなっているともいえる。しかしそれはまた,自分を守る「盾」としても機能する。実際に「危険」が身に迫ったなら相手の前から姿を消し,瞬時に関係を切断してしまえばいいというわけだ。この「盾」があることで,人はメディア空間の中でコミュニケーションを重ね,親密な関係を築くことができるようになるとされる。

メディア空間の「匿名性」をこのように「危険」と「盾」の二面性を有するものとしてとらえたなら,この「危険」と「盾」は,具体的にどのようなコミュニケーションの中で,どのように立ち現れることになるのか。これを考えていくことが第3の論点になると考えられる。

そこで,以下ではおもに,ここに示した第3の論点について検討していくことにする。

3 今日のメディア空間と若者の人間関係の状況

　若者たちは今日，どのようにメディア空間に身を置き，そこでどのような人間関係を築いているのだろうか。なかでもメディア空間での出会いや，そこから親密な関係としての友人関係は築かれるのかといった点はどうなっているのだろうか。私たちがおこなった「若者の生活と意識に関する全国調査2014」[4]（青少年研究会）では，今日の若者たちが交流するメディア空間の中心となっているインターネット空間（以下，ネット空間）でのコミュニケーションに関して質問をおこなった。以下では，この調査データをもとに検討していくことにする。

　まず，いわゆる「ソーシャルメディア」，「SNS（Social Networking Service）」として注目されることの多い3つのサービス——LINE，Twitter，Facebook——の利用状況をみてみよう。図6-1をみると，調査時点である2014年現在，LINEは9割近い若者が利用し，Twitterは5割弱，Facebookは4割強の若者が利用している。

　では，ネット上で知り合った相手との人間関係は，どのようになっているのだろうか。図6-2は，「ネットなどで知り合った相手と直接会ったことがある」，「ネットなどで知り合った相手と友だちづきあいをしている」という質問に「はい」と答えた者の割合である。それによれば，ネットなどで知り合った相手と直接会ったことがあるという者は3割弱，ネットなどで知り合った相手と友だちづきあいをしているという者は2割強である。つまり，もともとはメデ

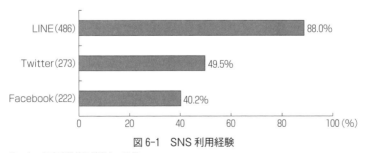

図6-1　SNS 利用経験

注：カッコ内の数値は該当ケース数。

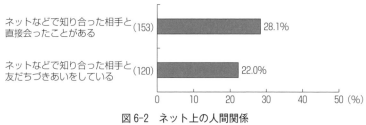

図6-2　ネット上の人間関係

注：カッコ内の数値は該当ケース数。

ィア空間の中で匿名的な者同士として出会いながら，そこから交流を重ね，「直接会う」や「友だちづきあいをする」というようなより親密な関係に移行する者が，それぞれ3割弱，2割強程度いるということである[5]。

　その一方で，親友や仲のよい友だちと知り合った場所を複数回答で答えてもらった結果を示した図6-3を見ると，「親友」や「仲のよい友だち」と知り合った場所としてメディア空間を挙げた者は，1割にも満たない9.6%にとどまっている。つまり，メディア空間で知り合った相手と友だちづきあいをしている者は約2割強いるが，それが「親友」や「仲のよい友だち」になっている者は1割にすぎず，残りは「親友」でも「仲のよい友だち」でもない友だちになっているということである。さらにこの結果を検討してみよう。

　図6-4は，メディア空間で知り合った相手と友だちづきあいをしている者の中で「親友」や「仲のよい友だち」と知り合った場所としてメディア空間を挙げているか否かの割合を示した結果である。これを見ると，メディア空間で知

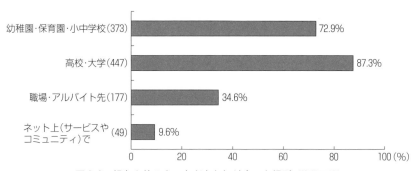

図6-3　親友や仲のよい友だちと知り合った場所（複数回答）

注：カッコ内の数値は該当ケース数。

り合った相手と友だちづきあいをしている者のうち、「親友」や「仲のよい友だち」と知り合った場所としてメディア空間を挙げている者の割合は、36.2％にすぎない。この結果を見ても、メディア空間で知り合った相手との友だちづきあいの多くは、「親友」でも「仲のよい友だち」でもない友だちとしてのつきあいになっているということがわかる。はたしてこれは、どのような「友だち」なのだろうか。この点は、この後の検討課題である。

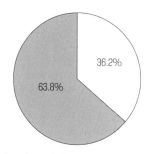

36.2%

63.8%

□知り合った(42) ▨知り合ってない(74)

図6-4　ネットなどで知り合った相手と友だちづきあいをしている者の中で「親友」や「仲のよい友だち」とネット上のサービスやコミュニティで知り合ったとする人の割合の違い

　では、「ネットなどで知り合った相手と直接会ったことがある」、「ネットなどで知り合った相手と友だちづきあいをしている」という人は、どのような人なのだろうか。

　まず、性別に関してみてみよう。**図 6-5**を見ると、いずれの質問に関しても「はい」と答えている人の割合は、女性に多い。

　年齢に関しては、**図 6-6**の通り、ネットで知り合った相手と直接会ったことがあるという人は、若年層で少なくなっている。これは、昨今のネット上の人間関係のトラブルを防止するための啓発活動が功を奏しているということなのかもしれない。一方、ネットで知り合った相手との友だちづきあいに関しては、

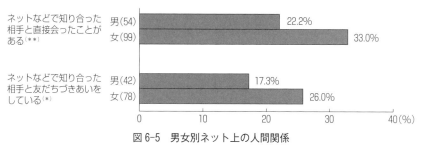

ネットなどで知り合った相手と直接会ったことがある(**)	男(54)	22.2%
	女(99)	33.0%
ネットなどで知り合った相手と友だちづきあいをしている(*)	男(42)	17.3%
	女(78)	26.0%

0　　　10　　　20　　　30　　　40(%)

図6-5　男女別ネット上の人間関係

注：** …カイ二乗検定で1％水準で有意。
　 * …カイ二乗検定で5％水準で有意。
　　カッコ内の数値はケース数。

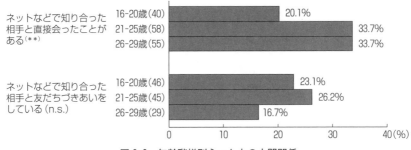

ネットなどで知り合った 16-20歳(40) 20.1%
相手と直接会ったことが 21-25歳(58) 33.7%
ある(＊＊) 26-29歳(55) 33.7%

ネットなどで知り合った 16-20歳(46) 23.1%
相手と友だちづきあいを 21-25歳(45) 26.2%
している(n.s.) 26-29歳(29) 16.7%

図6-6　年齢階梯別ネット上の人間関係

注：＊＊…カイ二乗検定で1％水準で有意。
　　n.s.…カイ二乗検定で有意な関連なし。
　　カッコ内の数値はケース数。

年齢階梯での差は見られない。

　また，都市度（DID人口比率）から見た都市と地方・村落地域での違いに関しては，図6-7の通り，有意な差は見られない。前節で検討したように，都市と地方・村落というのは，「匿名的な人間関係」が成り立つ度合いが異なる場所であった。ただ，その違いは対面的状況における違いである。メディア空間で初めて出会う他者は，ほとんどが匿名的な他者である。その点では，メディア空間は，都市以上に都市的な状況が広がっている場所であるとも言える。そこでは富田が指摘したように，都市とも地方・村落とも異なる形で親密な関係が築かれる。ゆえにメディア空間での親密な関係の築かれ方には，居住地は関連しない。図6-7の結果は，それを端的に表していると考えられる。

　では，そもそもネットで知り合った友だちとは，どのような特徴を持った友だちなのか。さきに確認した通り，それは，多くが「親友」や「仲のよい友だち」とは違う性質を持った「友だち」になっているようである。図6-8を見てみよう。

　これは，「ネット上で知り合った相手と直接会ったことがあるか」と「ネット上で知り合った相手と友だちづきあいをしているか」という質問のクロス集計の結果である。これを見ると，「ネット上で知り合った相手と直接会ったことはない」にもかかわらず，「ネット上で知り合った相手と友だちづきあいをしている」という者が15.5％いる一方で，「ネット上で知り合った相手と直接会ったことがある」にもかかわらず「ネット上で知り合った相手と友だちづき

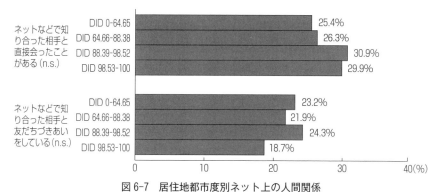

図 6-7 居住地都市度別ネット上の人間関係

注：n.s. …カイ二乗検定で有意な関連なし。
　　カッコ内の数値はケース数。

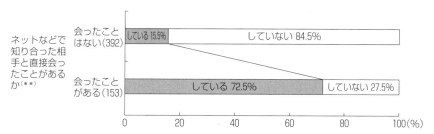

図 6-8 ネットなどで知り合った相手と直接会ったことがあるかとネットなどで知り合った
　　　　相手と友だちづきあいをしているかの関連

注：** …カイ二乗検定で1％水準で有意。
　　カッコ内の数値はケース数。

あいをしてはいない」とする者が 27.5％ いるという結果になっている。ネット上で知り合った相手に関して，「直接会っても友だちではない」とする者がいる一方で，「直接会ったことはないが友だちづきあいはしている」という者がいるのである。これがネット上の「インティメイト・ストレンジャー」の実態ということなのかもしれない。

　ならば，「ネット上で知り合った相手と友だちづきあいをする」というのは，そもそもどういうことなのか。そこに影響を与えるものは何なのか。

　これを検討すべく，まずはネット上で知り合った相手との友だちづきあいと各 SNS の利用率との関連をみてみよう。

　図 6-9 を見ると，ネット上で知り合った相手と友だちづきあいをしているか

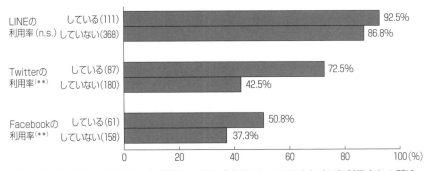

図 6-9　ネット上で知り合った相手と友だちづきあいしているかと SNS 利用率との関連
注：** …カイ二乗検定で 1% 水準で有意。
　　n.s. …カイ二乗検定で有意な関連なし。
　　カッコ内の数値はケース数。

否かに関して，LINE の利用率には有意な差が見られないが，Twitter と Facebook の利用率には有意な差を見ることができた。これは，Twitter と Facebook の利用の有無がネット上で知り合った相手との友だちづきあいに関連しているということである。この点をさらに詳しく見ていくことにする。

表 6-1 は，ネット上で知り合った相手と友だちづきあいをしているかを従属変数として，それに作用している変数を見出すためにおこなった二項ロジスティック回帰分析の結果である。ここでは，独立変数を性別，年齢，居住地の都市度と友だちとのつきあい方に関する質問群で構成したモデル（モデル 1），これらに加えて各 SNS の利用状況によって構成したモデル（モデル 2）で検討した。

モデル 2 の分析結果からは，SNS の効果という点では，やはり Twitter と Facebook がネット上で知り合った相手との友だちづきあい影響を与えているということが確認できた[6]。

ネット上で知り合った相手との友だちづきあいということに関わる LINE と Twitter，Facebook の違いは何なのだろうか。ここでヒントになりそうなのが，R. D. パットナムの社会関係資本をめぐる議論である（Putnam 2000=2006）。パットナムは，社会的ネットワーク，互酬性，信頼性，という点から社会関係資本に関する議論を展開し，それを「橋渡し型」と「結束型」に分類することができるとした。LINE や Twitter，Facebook といった SNS が一定の社会的ネッ

表6-1 ネットなどで知り合った相手と友だちづきあいをしているかを従属変数とする二項ロジスティック回帰分析

		モデル1（友だちとのつきあい方）			モデル2（友人関係＋SNS）		
		標準誤差	B	exp(B)	標準誤差	B	exp(B)
性別（女性ダミー）		0.225	0.458*	1.581	0.236	0.336	1.399
年齢		0.028	-0.033	0.967	0.033	0.007	1.008
都市度（DID）		0.004	-0.004	0.996	0.004	-0.007	0.994
LINE利用（ダミー）					0.427	-0.240	0.786
Twitter利用（ダミー）					0.269	1.380***	3.974
Facebook利用（ダミー）					0.245	0.482*	1.619
友だちとのつきあい方	友だちをたくさん作るように心がけている	0.148	-0.030	0.971	0.153	-0.065	0.937
	初対面の人とでもすぐに友だちになる	0.147	0.104	1.109	0.154	0.157	1.171
	年の離れた友だちが多い方だ	0.122	0.340**	1.405	0.128	0.358**	1.430
	友だちといるより，ひとりでいる方が気持ちが落ち着く	0.144	0.193	1.213	0.149	0.211	1.235
	友だちとの関係はあっさりしていて，お互いに深入りしない	0.158	-0.408*	0.665	0.168	-0.430*	0.651
	友だちと意見が合わなかったときには，納得がいくまで話し合いをする	0.136	0.036	1.036	0.141	0.036	1.036
	遊ぶ内容によって一緒に遊ぶ友だちを使い分けている	0.130	0.244	1.276	0.135	0.149	1.161
	いつも友だちと連絡をとっていないと不安になる	0.160	-0.050	0.951	0.166	-0.066	0.936
定数		0.863	-1.115	0.328	1.073	-2.447*	0.087
カイ二乗検定（p値）				0.001			0.000
-2対数尤度				528.327			489.543
Cox-Snell R^2乗				0.057			0.122
Nagelkerke R^2乗				0.088			0.188
N				530			528

注：*：$p<0.05$ **：$p<0.01$ ***：$p<0.001$。

トワークを築くメディアであるとするなら，それらが築くネットワークも「橋渡し型」と「結束型」に分類することができるだろう。そのように考えると，LINE は「結束型」として，既にある社会的ネットワークの中でその結束を強めるように用いられるサービスとなっており，Twitter や Facebook は，どちらかと言えば「橋渡し型」として，新たなネットワークを築いていくように用いられるサービスになっているように思われる[7]。そう考えることで，Twitter や Facebook の利用が，ネット上で知り合った相手との友だちづきあいに影響している理由が理解できるのではないだろうか[8]。

だとするならば，次に検討すべきなのは，Twitter や Facebook は，どのように，どんな「友だち」を作り出していくのかということだろう。ここで論点となるのは，「匿名性」と「信頼」である。メディア空間を行き交っている無数の匿名的な他者の中から，若者たちはいかにして「友だち」を作るのか。そこに Twitter や Facebook は，どう関与するのか。これらを考えていくことが次の課題である。

4 ┃ 同質性・共感性を想起させる情報と「信頼のレバレッジ」

前節での調査データの検討から，ネット上で知り合った相手との友だちづきあいに，Twitter や Facebook の利用が影響を与えていることが確認された。では，Twitter や Facebook の利用者たちは，そこでのどのような出会いやコミュニケーションを介して友人関係を築いているのだろうか。Twitter や Facebook の利用者たちからよく聞こえてくるのは，「最初は気になるハッシュタグやキーワードを手がかりにして，そこから目についた相手のページをまずは見てみる」というものだ。1 節で紹介した筆者のゼミの学生も，同じようなことを話していた。

では，目にした Twitter や Facebook のどのような情報を見て，彼らはその相手とコミュニケーションをとろうと考えるのだろうか。

おそらくそれは，自分にとっての何かしらの「同一性」や「同質性」，「共感性」を想起させる情報なのではないだろうか。かつて宮台真司は，若者のコミュニケーションを考察する文章の中で，私たちは「同じ体育会だ，同じ会社だ，

同じ郷里だというだけで信頼し，自分と同一の関心主題や処理枠組を相手の押しつけてしまう」(宮台 1994: 262-263) と述べ，近世後期以降の日本社会では，同じ共同体の一員であることでその相手との間に無限定的な同一性を信頼してしまうのだと論じた。つまり，私たちは，何かしらの「同一性」や「同質性」，「共感性」を想起させる情報に触れたときに，「それって，あるある」，「私もわかるわ」，「俺も同じだ」という形で同じ共同体に属しているという感覚を抱き，一足飛びに相手を大きく信頼してしまうのである。これは，たとえ相手が匿名的な相手であっても，断片的な情報しか呈示されなかったとしても，さらに言えば，それがたとえ演出された情報であったとしても，である。そこで私たちは，その情報量には到底見合わないほどの大きな信頼を相手に抱いてしまう。私は，このような日本的な人格的信頼の作動メカニズムを「信頼のレバレッジ（てこ）」と呼びたいと思う。それは，相手のわずかな同質性，共感性を想起させる情報に接しただけで，匿名性の「危険」を回避するための「盾」も手放し，一気に大きな信頼を相手に寄せてしまうというものだ[9]。

　このように考えてみると，Twitter や Facebook の利用の有無が，メディア空間で知り合った相手との友だちづきあいに関連しているということの理由が理解できるように思われる。つまり，Twitter や Facebook に掲載された情報は，それを閲覧する者にしばしば同質性や共感性を想起させるのである。しかも，それがささいなきっかけでたまたま存在を知っただけの見知らぬ相手であったならば，そこで感じられる同質性や共感性は，より大きなものとして感じられるのかもしれない。「#○○フレンド募集」，「#○○好きと繋がりたい」，「#春から○○大学」，そんなハッシュタグやキーワードで見つけた相手が，自分と同じことをしていたり，自分と同じものを好きであったり，自分と同じ思いを綴っていたりしたなら，それがたとえ見知らぬ相手であったとしても「友だちになれるかも」と思ってしまうのではないだろうか。この信頼は，相手とのコミュニケーションをより積極的にさせ，「匿名性」に伴う「危険」な可能性を忘却させてしまうように作用する。

　このように考えるなら，Twitter や Facebook というのは，「信頼のレバレッジ」がより効きやすいコミュニケーションの場なのだということが言えるだろう。メディア空間の友人関係というのは，このようなメカニズムの上に成り立

っている。メディア空間のコミュニケーションは,「信頼のレバレッジ」によって,時にその元手に見合わないような大きな信頼を抱かせるのだ。もちろん,それは多くの場合,結果的に友人関係をよりつながりやすく,より親密なものにするように作用する。しかし,根拠の脆弱な信頼は,時に簡単に裏切られ,トラブルに直結するものにもなるのである。

メディア空間は,地方・村落とはもちろん,都市とも異なる「匿名性」に満ち溢れた場所である。そこでは,親密な関係の築かれ方も独特のものになる。「匿名性」に満ち溢れた場所であるがゆえに,そこで感じられるちょっとした同質性や共感性が法外な信頼を抱かせる。私たちは,そのような場所でどう他者と関わったらよいのか。いまいちど考えてみることが重要かもしれない。

■注

1）これは,朝日新聞記事検索サービス（聞蔵 II ビジュアル）,毎日新聞社の記事データベース（毎索）,読売新聞の記事データベース（ヨミダス歴史館）を用い,キーワードに「座間」,「遺体」,「事件」を AND 条件で指定し,2017 年 10 月 31 日～2018 年 4 月 30 日の期間で,それぞれの東京本社の全国版の朝夕刊の本文記事について検索をかけたものである。その上で,ここに「匿名」を加えての検索も行った。

2）もっとも,「都市的社会関係＝匿名的な関係」という図式は,後に多くの検証がなされた。たとえば,アクセルロッド（Axcelrod 1956=1978: 211-221）は,都市コミュニティの中に親類,友人,近隣,職場仲間といった交友や相互扶助の網目が存在していることを指摘し,W. F. ホワイト（Whytc 1943 → 1993=2000）や H. J. ガンス（Cans 1962-2006）は,都市の移民コミュニティの中に親密な仲間集団が存在していることを論じた。また,C. S. フィッシャーは,1977 年から 1978 年にかけて北カリフォルニア地方で大規模な調査を実施し,その結果をもとに,親族との関わりは都市度とともに減少し,近隣関係については有意な違いは見られず,友人関係については,社会構造的な制約の少ない者に関してのみ都市度に応じて増加すると指摘した（Fischer 1982=2002）。

3）MMM（Mobile Media Mode）というのは,F. フェザーによる概念で,近年の私たちの生活が,ケータイや PDA（情報携帯端末）,スマホなどを通じて,24 時間いつでもどこからでもインターネットに接続することができるようになることでライフスタイルが変化していくことを指摘したものである（Feather 2000; 富田 2002: 58-68）。

4）この調査の概要については,本書「はしがき」の注記を参照のこと。

5）この数値は,回答者全体に占める割合であり,これらに「はい」と回答しなかった者の中には,SNS を利用していない者やそもそもインターネットを（パソコンでも携帯電話等でも）利用していない者も含まれている。

6）なお,このモデル 2 では,友だちとのつきあい方に関しては,「年の離れた友だちが多い方だ」と「友だちとの関係はあっさりしていて,お互いに深入りしない」（正負逆向き）が影響しているという結果になった。この点に関しては,友人を幅広く持とうとする志向性と友人とは深くつきあいたいと考える志向性がネット上の友だちづきあいを促進させる効果を持つという解釈が成り立ちそうである。

7）**表6-1**のモデル2を見ると，TwitterとFacebookでは，Twitterの方が友だちづきあいに対する効果が大きくなっている。おそらくTwitterの方がハッシュタグなど検索機能に優れ，新たな出会いという点で有利に働いているのだと思われる。

8）なお，**表6-1**の分析では，「年の離れた友だちが多い方だ」という変数と「友だちとの関係はあっさりしていて，お互いに深入りしない」という変数もネット上の友人関係という従属変数に効果を有している。前者に関しては，ネット上の友人関係では年齢の近さが無意味になっているということが予想され，後者に関しては，（効果の向きが逆向きであるため）友人と積極的に関わろうという志向の持ち主がネット上の友人関係にも積極的になっているという解釈が成り立ちそうである。

9）もっとも，それは相手との徹底的なコミュニケーションの蓄積によって築かれる全面的な人格的信頼とは異なるものであるように思われる。

参考文献

浅野智彦（1999）「親密性の新しい形へ」富田英典・藤村正之編『みんなぼっちの世界』恒星社厚生閣，41-57.

Axelrod, M.（1956）"Urban Structure and Social Participation," *American Sociological Review*, 21(1): 13-18.（= 1978，鈴木広訳「都市構造と集団参加」鈴木広編『都市化の社会学』誠信書房，211-221.）

Feather, F.（2000）*Future Comsumer.com : The Webolution of Shopping to 2010*, Warwick Publishing Inc.

Fischer, C. S.（1982）*To Dwell among Friends : Personal Networks in Town and City*, University of Chicago Press.（= 2002，松本康・前田尚子訳『友人のあいだで暮らす——北カリフォルニアのパーソナル・ネットワーク』未來社.）

Gans, H. J.（1962）*The Urban Villagers : Group and Class in the Life of Italian-Americans*, Free Press of Glencoe.（= 2006，松本康訳『都市の村人たち——イタリア系アメリカ人の階級文化と都市再開発』ハーベスト社.）

Goffman, E.（1963）*Stigma : Notes on the Management of Spoiled Identity*, Penguin.（= 2003，石黒毅訳『スティグマの社会学——烙印を押されたアイデンティティ』せりか書房.）

平野秀秋・中野収（1975）『コピー体験の文化——孤独な群衆の後裔』時事通信社.

加藤晴明（1991）「パソコン通信のメディア特性」『中京大学社会学部紀要』6‐1 : 201-280.

Lofland, L. H.（1973）*A World of Strangers: Order and Action in Urban Public Space*, University of California, San Francisco.

Luhmann, N.（1973）*Vertrauen: Ein Mechanismus Der Reduktion Sozialer Komplexität*, F. Enke.（= 1990，大庭健・正村俊之訳『信頼——社会的な複雑性の縮減メカニズム』勁草書房.）

Milgram, S.（1970）"The Experience of Living in Cities," *Science*, 167（3924）: 1461-1468.

宮台真司（1994）『制服少女たちの選択』講談社.

森岡正博（1993）『意識通信——ドリーム・ナヴィゲイターの誕生』筑摩書房.

永井良和（1986）「都市の『匿名性』と逸脱行動」『ソシオロジ』30(3): 77-96.

Park, R. E.（1915）"The City: Suggestions for the Investigation of Human Behavior in the City Environment," *American Journal of Sociology*, 20(5): 577-612.（= 1978，笹森秀雄訳「都市」鈴木広編『都市化の社会学』誠信書房，57-96.）

Putnam, R. D.（2000）*Bowling Alone : the Collapse and Revival of American Community*, N.Y.: Simon & Schuster.（= 2006，柴内康文訳『孤独なボウリング——米国コミュニティの崩壊と

　　再生』柏書房．）

高橋勇悦（1987）「現代都市と青少年の問題状況」高橋勇悦編『青年そして都市・空間・情報——その危機的状況への対応』恒星社厚生閣，1-29.

富田英典（1994）『声のオデッセイ——ダイヤルＱ２の世界 - 電話文化の社会学』恒星社厚生閣.

富田英典（2002）「都市空間とケータイ」岡田朋之・松田美佐編『ケータイ学入門——メディア・コミュニケーションから読み解く現代社会』有斐閣，49-68.

Whyte W. F. (1943 → 1993) *Street Corner Society: The Social Structure of an Italian Slum*, The University of Chicago Press.（= 2000，奥田道大・有里典三訳『ストリート・コーナー・ソサエティ』有斐閣.）

Wirth, L.（1938）"Urbanism as a Way of Life," *American Journal of Sociology,* 44(1): 1-24.（= 1978，高橋勇悦訳「生活様式としてのアーバニズム」鈴木広編『都市化の社会学』誠信書房，127-147.）

吉見俊哉・若林幹夫・水越伸（1992）『メディアとしての電話』弘文堂.

SNS 利用の都市／地方比較

阪口祐介

　2000 年代初頭から現在にかけて，若者のメディア環境は大きく変化した。この時期以降に青年期をむかえた若者は，中学・高校までにはケータイをはじめて手にし，インターネットが日常化した環境で学生時代を過ごすことになる。2010 年代にはスマートフォンの普及，SNS の流行があり，現代の若者の多くは LINE，Twitter，Facebook など複数のツールを駆使して，日々，友人や家族とのコミュニケーションをおこなっているといえるだろう。

　では，こうした SNS 利用は，若者が住む「場所」，すなわち「都市／地方」によって異なるのだろうか。一般的な想定にそくすと，都市に住む若者は，非通念的で流行を積極的に受容する傾向があると同時に，地理的にも新たな商品やサービスを購入しやすい環境にいる。ゆえに，都市に住む若者の方が，SNS 利用の頻度は高いと想定される。一方，ケータイがほぼすべての若者に普及し，テレビやインターネットを通じて居住地にかかわらず新たな情報を手にできる現在，SNS 利用に「都市／地方」の差が存在しないことも想定される。もし，「都市／地方」の差が存在しないならば，SNS 上でコミュニケーションをする機会は「場所」に制約されないことを意味し，「場所」という視点から現代の若者を考える上で重要な知見となると考えられる。

　「若者の生活と意識に関する全国調査 2014」（2014 年 10〜11 月実施）を用いて，SNS 利用の都市／地方の差をみてみよう。対象年齢は 16〜29 歳である。都市度の指標は DID 人口比率であり，値が大きいほど居住地の人口集中地区の割合が高いことを示す。

　ここでは，都市度によって SNS 利用頻度が異なるかを確認する。**表1** は，都市度別にメディア利用の平均値および割合を示したものである。表からわかるように，LINE と Facebook を除けばすべて有意差はなく，全体的にみると，都市度によって SNS やネットの利用頻度に差があるとはいえない。すなわち，都市にいても地方にいても若者は，同程度に，ケータイでメールのやりとりをし，Facebook を利用し，ケータイや PC を通じてネットを利用しているのである。ただし，LINE のグループ数と，Twitter 利用については，DID 64.65 以下の相対的に都市度が低い地域で，利用頻度が低い傾向がみられる。そこに住む若者は，LINE のグループ数が少なく，Twitter をあまり利用しない傾向にあるといえる。なお，これらの傾向は，学歴やジェンダーなど他の変数を統制した分析でもほとんど変わらない。[1]

表1　都市度とメディア利用

	LINEメッセージ数	LINEグループ数	ケータイメール数	ケータイネット時間	PCネット時間	Twitter利用	Facebook利用	N
DID (0-64.65)	2.39	1.47	1.52	4.23	2.44	40.0%	36.3%	131
DID (64.66-88.38)	2.88	1.82	1.51	4.44	2.28	53.3%	43.8%	135
DID (88.39-98.52)	2.52	1.74	1.65	4.52	2.41	49.3%	44.4%	141
DID (98.53-100)	2.53	1.81	1.37	4.21	2.45	55.1%	36.2%	137
F検定/χ^2検定	+	*	n.s.	n.s.	n.s.	+	n.s.	544

注：n.s. 有意差なし　＋10％水準で有意　＊5％水準で有意。
　　LINE，ケータイメール，ケータイ/PCネットははずれ値があるため，対数変換した上で平均値を算出した。

　都市と地方で，雇用状況や交通利便性などさまざまな違いがあることはいうまでもない。しかし，今回の分析結果をみる限り，若者のSNS利用については「場所」による違いはほとんどみられないといえる。この結果は，激しく変化するメディア環境のなかでのワンショットという限定付きではあるものの，現代若者たちがSNS上でコミュニケーションする機会は「場所」に制約されないことを示唆している。

■注

1）調査概要は，本書「はしがき」の注記を，分析結果の詳細は，阪口（2016）を参照されたい。

参考文献

阪口祐介（2016）「第3章　現代若者のメディア・コミュニケーション——LINE, Twitter, Facebook, ケータイネット利用の規定要因」藤村正之編『「若者の生活と意識に関する全国調査2014」報告書』青少年研究会, 37-50.

終

ポストアーバン化時代の若者論へ

轡田竜蔵

---

1 若者文化論と都市論を切り離す

若者文化論は，どうして都市論と結びつけて語られてきたのか。あるいは，地方にも若者がたくさん住んでいるにも関わらず，どうして多くの若者論は「若者が集まる街」に焦点を合わせる傾向があるのか。本書の各論考の出発点には，これらの問いがあった。

若者文化に関する主要な統計調査は，しばしば，その発信地としての大都市圏の都心を強く意識し，そこを中心とした同心円的構造を描いてきた。1992年からおこなわれている博報堂の生活定点調査が，首都 40km 圏，阪神 30km 圏を調査地としているのが典型的である。こうした地理的な把握のもとで，都心（中心市街地）vs 郊外，大都市圏 vs 地方圏といった理解の枠組みが一般的になる。

また，本書の執筆者の多くが関わっている社会学の若者研究の老舗である青少年研究会は，90 年代以来，調査の定点を東京都杉並区と神戸市東灘区・灘区に設定している。いずれも若者の人口比率が高そうな地域ということで調査地に選ばれたようだが，その特殊性はきわだっている。杉並区の高円寺は全国的にも知られるサブカルチャーの街であり，東灘区の岡本は若い子育て世代の流入も多く，兵庫県で最も地価の高い住宅地でもある。つまり，これまでの大都市中心の若者文化論は，圧倒的に高階層・高学歴者の文脈に偏って議論されてきたといえる。たとえば，吉川徹が指摘してきたような居住地域による学歴「分断」の問題を踏まえても，こうした地域の調査をもとに日本の若者全体を

語ってしまうことで，見落とされてしまう部分があるかもしれない（吉川 2018）。また，いわゆる「若者」の範疇が，30代も含みこんだポスト青年期を射程に入れて考えられるようになっている現在，大都市に居住する学生を中心とした調査からどこまで「若者文化」を語り尽くせるのか，という問題もある。

　これまで，若者論の文脈において，アメリカのサンベルトとラストベルト，中国の臨海部と内陸部のようなわかりやすい地域間格差は，日本のなかで積極的に論じられることはあまりなかった。10年代半ば以降，これらの問題を踏まえて，大都市圏以外に居住する若者の実態や意識，その文化的あり方，地域間格差のあり方に目を向けた研究が次々に発表されてきた。たとえば，石井まこと他著『地方に生きる若者たち』，それに拙著『地方暮らしの幸福と若者』などの研究を通して，大都市圏中心の若者文化論からは見過ごされがちな若者の暮らしのさまざまな地域的文脈に光が当てられてきた（石井他 2017; 轡田 2017）。

　こうした地方の若者研究を踏まえつつ，日本の若者文化論の地域的文脈を見直すこと。そのために，若者文化論と都市文化論とを切り離すこと。本書の序章で，木村絵里子が，過去の若者文化論と都市文化論との結びつき方を検証しつつ，今や「「都市の若者」を通して「若者一般」（ひいては全体社会）を捉えるやり方」が時代にそぐわないと述べているのは，こうした意図に基づく。ウェブ社会の発展，あるいは都市を超える移動が活発になっている状況を踏まえて，あらためて若者文化が生み出されるのは大都市の「若者の集まる街」であるという前提そのものを問い直す必要がある。これが本書の各論考が取り組んだ課題であった。

2 「若者が集まる街」はどこに消えたのか？

　20世紀末以降，メインストリームの若者文化研究は，渋谷や原宿，秋葉原をはじめ，東京の特定のエリアを「若者が集まる街」として注目し，しばしばストリートに「密」に集まる若者たちの活気のなかに創造的な文化の姿を捉えてきた。ところが，本書の執筆者の多くは，かつてのように大都市の「若者が集まる街」が輝きを失い，その発信力も弱まってきたという点に言及している。それでは，現在，若者文化が創造されている「場所」はどこであるのか。

「若者が集まる街」の消失のはじまりは，2004 年頃であると考える。この年，日本では mixi などの SNS が急速に普及しはじめ，全国の大型イオンモールに「シブヤもハラジュクもうらやましくない」というコピーが書かれたポスターが貼られるようになった。三浦展の『ファスト風土化する日本』という本が出版され，若者が集まる場所が都心や中心市街地ではなく，地方郊外のショッピングモールになっているという状況に注目が集まったのも，この年であった。

　「若者が集まる街」が消え去ったのはなぜか。三浦展は，資本の戦略のもと，都市の商業主義的開発が進められてきた結果，若者は「街」ではなくショッピングモールを始めとする大型商業施設（＝「箱」）のなかに集まるようになってしまったとして，これを批判する。大規模な商業施設に象徴される開発プロジェクトは，利便性や快適性を軸に「都会＝ urban」的な空間／場所を編成する一方，若者文化をはじめ，数々の文化を生み出してきた「都市＝ city」の歴史・文化の地域的文脈やストリートの活力を奪っているという観点である。この観点に基づき，三浦は，東京都心，とりわけ渋谷で進む都市再開発についても，非常に厳しい評価を下している（三浦 2014）。

　これとは異なる立場からの解釈もある。それは，若者が「街」に集まらなくなったのは，「街」よりももっと魅力的な新しい消費や娯楽の空間の選択肢が広がったからだ，という観点である。たとえば，近森高明・工藤保則編『無印都市の社会学』の立場は，それに近い。同書には，コンビニやマンガ喫茶などさまざまな空間が登場しているが，いずれも日本各地にあるありふれた空間ばかりで，現代の若者の大半にとって馴染みのある場所であるといえる。同書では，このような「無印的＝ generic」な空間を「没場所的」として批判するのではなく，そこに居心地の良さを感じる若者たちの立場が肯定的にとらえられている（近森・工藤 2013）。そして，もうひとつ注目したいのは，『無印都市の社会学』で取り上げられた空間の多くは，非都市部にも多く立地するものであるということである。たとえば，コンビニには都心・郊外・地方都市・農山村といった地域性と関わらず，国土のほとんどの可住地域から数十分以内にアクセスが可能である。音楽フェスも都心に近いところで開かれる場合もあるし，山間部で開かれる場合もある。まちの若者といなかの若者との間の生活環境はかなり異なるものであるが，それぞれの若者がアクセスする消費・娯楽のイン

フラは共通している。

　若者の多くが「没場所化」した無個性な空間を求めるようになり，その結果，文化の蓄積された「街」が求心力を失ったのか。もし，この仮説が正しいとしたら，この社会変容はグローバリゼーションによる平準化作用，すなわちトーマス・フリードマンのいう「フラット化」と関係の深いものと考えることができる。また，若者文化において都市に集まることの意味が縮小しているという仮説は，交通・通信インフラ等の基盤ネットワークの飛躍的な発展が，大都市圏あるいは都心の相対的優位性を失わせたという観点，すなわち「ポストアーバン化」に関する議論の文脈と結びつけて考えることができる（Haas and Westlund 2018=2019）。本書の各論考で検討されている「フラット化＝ポストアーバン化」仮説は，以下の３つに分けて考えることができる。

（1）オンラインにおけるコミュニケーションの増大とともに，ウェブ社会の相対的な重要性が高まり，人口量の多さをメリットとしていた「（大）都市」のコミュニケーション的な特異性が失われた。（⇒3節）

（2）大型ショッピングモールに代表される新たな都市インフラを中心とした商圏は，国土全体を包摂し，それによって，都市インフラが集積した「（大）都市」の特権性が失われた。（⇒4節）

（3）若者の地域移動についてのハードルが下がり，社会の流動化が進んだ結果，「（大）都市」は創造的な若者文化の発信地であることの必然性が失われた。（⇒5節）

　本書の各論考は，いずれも，この「フラット化＝ポストアーバン化」仮説を大筋において認めるものとなっている。しかし，その一方で，そこから進んで，新しい論点もいくつか提示されている。たとえば，都市と非都市とでは，インターネットやSNS利用の状況はあまり変わらないというが，それでも「渋谷」という街の象徴性が残るのはどうしてなのか（荒井論文）。「地元」の消費環境が充実していても，あえてそこから離れて「都心」ないし「東京」に向かう若者がいるのはなぜなのか（小川論文）。そして，地方でも活発にローカルで創造的な文化シーンが生み出される時代であるといわれるが，メディアで目立っているほどに，それは主流の動きを形成しきれていないのではないか等々──

166

（牧野論文）。つまり，本書の各論考からは，「フラット化＝ポストアーバン化」仮説に沿って，「大都市」や「若者の集まる街」の求心力が低下を指摘しているが，その一方，若者がみな「大都市」を回避し，「没場所化」した空間を求めるわけではなく，分極化が進んでいるということを読み取ることができる。

　こうした観点は，都市経済学者のリチャード・フロリダが，トーマス・フリードマンに対して展開した批判を想起させる（Florida 2008=2009）。フロリダは，グローバリゼーションの過程で地域的文脈や社会的分断が解消するのではなく，クリエイティブな階層が地域的に偏在する傾向が強まることを指摘し，これを「スパイキー化（＝凸凹化）」とよんだ。そして，金融・情報産業が集積するグローバル・シティとは別に，創造的な人材を惹きつける「都市」ないし「場所」の磁場があることを強調した。

　ところが，日本の状況を省みると，文化産業の東京一極集中が顕著であり，「グローバル・シティ東京」のオルタナティブになりうるような若者文化の創造の拠点を挙げるのは難しい。東京に背を向けて新しい価値観を模索しはじめた，ローカル志向の若者たちが存在感を高めているとはいえ，少なくともコロナ禍の前までは，東京圏に毎年10万人の規模で人口が増え続けているという状況がある。こうした状況にもかかわらず，若者文化における大都市の優位性がなくなり，かつての東京の「若者が集まる街」に代わり得るような力を備えた「場所」があるといえるのかどうか。以下では，本書の各論考から得られた知見を確認しつつ，先に述べた「フラット化＝ポストアーバン化」仮説に関わる3つの観点を順に検討しながら考えてみたい。

3 ウェブ社会化と大都市的コミュニケーションのゆくえ

　大都市はその人口量ゆえに，多様な人びとと出会う可能性を高めると考えられてきた。そこには，以下の2つの側面がある。ひとつは，人口の量的な拡大が，相互に文脈を異にする，非常に異質性の高い人たちどうしが「集まる」場としての側面である。そこでは，匿名的でありかつ偶発的な関係性ができて群衆の熱狂現象が出現したり，身体的に近接しているにもかかわらず相互に干渉しあわないコミュニケーションの技術が発展したりする。もうひとつは，人口

量ゆえに生み出される多様性の結果として，大都市では個人に適した同質的な
パーソナル・ネットワーク，つまりは趣味や嗜好を介した「純粋な友人」を形
成しやすいという側面である（Fischer 1982=2002）。多くの若者たちは，こうい
った大都市という「場所」が生み出すコミュニケーション環境に惹きつけられ
てきた。

　ところが，1990年代以降のウェブ空間の広がりは，若者のコミュニケーシ
ョンのあり方に大きなインパクトをもたらした。マニュエル・カステルの言葉
を使えば，「フローの空間」が大きくなり，「場所の空間」を侵食していく事態
である（Castells 1989=1999）。ウェブ上では，居住する地域とは関係なく，膨大
な量の人たちと，さまざまな水準のコミュニケーションをすることが可能であ
る。ウェブ社会の拡大とともに，大都市的コミュニケーションの特殊性は掘り
崩されていった。

　「場所の空間」と「フローの空間」のコミュニケーションのあり方の違いを，
「匿名性」というキーワードでつないだのが，6章の福重清の論文である。福
重は，都市社会が可能にしたと言われてきた自由で匿名的なコミュニケーショ
ンのあり方が，より自由度を増したウェブ上のコミュニケーションによって代
替可能なものであることを示唆する。そして，匿名の人びとが集まる都市の雑
踏のなかでは，他人と適切な距離を確保しようとしても危険な目に遭うリスク
が生じるが，ウェブ上では，他人とより安全な距離を保ちながら，匿名な存在
であり続けることができる優位性がある点を強調している。

　そして，福重は，こうしたウェブとの関わり方について，青少年研の統計調
査の質問項目からは都市度による格差が確認できなかったことについても指摘
している。つまり，大都市であろうが地方であろうが，若者は同じようにウェ
ブ社会に日常的に関わるようになるなかで，コミュニケーション様式が変化し
た。すなわち，さまざまなレベルで匿名的な関係性が広がり，そうした関係性
のもとでの社会的相互作用のあり方は，大都市に特異なものとは言えなくなっ
てきたということである。その意味で，福重の議論は，コミュニケーション様式
に関する「フラット化＝ポストアーバン化仮説」にくみするものとなっている。

　一方，渋谷のセンター街にあった場所の空間としての熱気が，「フローの空
間」の静かな浸透とともに拡散していった過程を，ギャル・ギャル男の参与観

察とインタビューから浮き彫りにしようとしたのが，2章の荒井悠介の論文である。荒井は，00年代に首都圏近郊から渋谷のセンター街に集まっていた「サー人」（イベントサークルのメンバー）が，10年代にネットを通したコミュニケーションが盛んになっていくなかで，毎週のように忙しく「集まること（gathering）」をやめて，ウェブ上のコミュニケーションを通して「共有すること（sharing）」を重視していくに至る過程を具体的に描いている。また，「イベサー文化」のネットワークが全国に広がっていくなかで，渋谷の特殊性が見えにくくなっていったことについても示唆されている。

　ただし，ここで注意する必要があるのは，若者を惹きつけるウェブ上のコミュニケーションの拡大は，「場所の空間」を隅に追いやるばかりではないという点である。荒井は，ギャル・ギャル男文化が「フラット化」して全国に拡散する様子を描きつつ，その一方で，イベントを通じてつながったギャル系の若者たちにとって，「舞台」としての「渋谷」の象徴性はなおも失われていないと強調している。ギャル・ギャル男文化は，SNSという「フローの空間」のなかで進化しつつも，若者文化の蓄積の上に築かれてきた渋谷という「場所の空間」の磁場を残し，「大都市的」とは異なる，ローカライズされた若者文化として引き継がれていくということであろうか。

　本書の各論考では扱われていないが，「場所の空間」と「フローの空間」が相互浸透したハイブリッドな環境のなかで若者文化が新しく展開した事例は，むしろ人口減少に悩む地方圏のまちづくりにおいて目立っている。ICTを用いたコミュニケーションテクノロジーは，地域を支える社会インフラやコミュニティを補完し，地域を越えた発信やネットワーキングを可能にするからだ。人口減少地域でおこなわれるローカル・イベントにおいても，若者がSNSやウェブメディアを創造的に活用する事例は枚挙にいとまがない。筆者の広島における調査のなかでも，若者が流出している高齢者率が50％の中山間地の集落で，流しそうめん大会をやろうというSNSの呼びかけに，地元を離れて都市部に出ていた若者たちが反応し，奇跡のように数十人規模が集まったという話があった。これは，渋谷のイベサーの話とは背景が異なり，むしろ「集まること」が困難な人口減少状況のなかで，SNSが活用された事例であるといえるだろう。

4 | 国土の全面的な消費社会化と若者のライフスタイル

　ある地域で，若者文化の消費と創造を成立させる環境として必要なのは，「都市度」として示される人口の規模や密度だけではない。地域のなかに，若者を惹きつける「結節機関」（鈴木栄太郎）の立地を捉え，そこからのアクセスやネットワークの構造を把握することが大切である。この点，大都市には，教育機関や企業立地の選択肢が豊富にあり，それが若者を惹きつけている最大の理由であるのは言うまでもない。それだけではなく，地方の若者が東京に「憧れ」を抱いてきた理由は，娯楽施設や商業施設，あるいは文化コミュニティやイベントの拠点が圧倒的に東京に集中している状況があることを抜きには考えられない。

　高度消費社会以降の日本においては，東京の特定のエリアが「舞台」として捉えられ，注目を集まることになった。ファッションに関しては，東京の渋谷や原宿が，雑誌メディアとも結びつきながら，若者のあいだに流行を作り出す強い磁場として機能してきた。いわゆる「オタク文化」の聖地としては，秋葉原が突出した意味のある「街」として知られてきた。

　ところが，1990 年代末以降，こうした状況は変わった。100 以上の専門店を擁する規模のショッピングモールや，ラウンドワンのような大型娯楽施設，アニメイトのような趣味の専門店が，全国の 30 万人以上の都市圏にはほぼ例外なく立地するようになったことによる影響が大きい。その商圏は車で 2〜3 時間の範囲にまで及び，国土の可住地域の人口のほとんどがそこに包摂されていると言っても過言ではない。これらの若者の消費や娯楽に関わる大規模な「結節機関」のインパクトの大きさについては，地方都市の消費状況を「ほどほどパラダイス」と表現した阿部真大の考察のほか，既に多くの先行研究において議論されている（阿部 2013）。また，それに対応して，若者の地元消費傾向の強まりについても指摘されている。産業構造については東京一極集中が継続しているが，地方の若者が東京圏に対して描く消費社会的な憧れについては，かなりの程度，減退しているとみられる。

　特に，多くの若者の支持を集めている「オタク文化」（＝アニメ・コミック・ゲ

ーム）については，特に「フラット化」仮説があてはまるようである。1章の大倉韻の論文は，00年代と10年代の二時点における東京都杉並区と愛媛県松山市における統計調査のデータを参照しつつ，若者文化の「オタク」消費や「オタク」自認についての地域間格差が消失・縮小している傾向について，統計的な根拠を挙げている。「オタク」消費については，従来型の「消費優先オタク」よりも，コミュニケーションに重きを置いたタイプの「ライトオタク」がマジョリティとなり，その消費のあり方には大都市居住の必要が乏しいことが確認される。また「オタク」趣味自認についても，杉並区と松山市の間に違いは見いだせなかった。

　また，東京都練馬区在住の若者を対象に調査をした3章の小川豊武の論文でも，「オタク」文化に関心を持った者たちは，ファッションやショッピング等の他の消費文化と比べて，必ずしも秋葉原を含む東京の都心に出かけていくことに積極的ではないという議論が統計分析をベースに展開されている。練馬区から秋葉原まで30分程度でアクセスできるにもかかわらず，秋葉原に行かない「オタク」がむしろ主流であるというのだ。

　もともと「オタク」という言葉の用法には，そもそも非通念的なマニアックな文化という含意があり，先述のクロード・フィッシャーの理論に照らせば，その成立要件として人口の集積した大都市の環境を必要とするものだと考えられてきた。ところが，近年では，amazonなどのe-コマースの流通ネットワークが国土の隅々に及び，どこでもコンテンツ消費に不便は無くなっているうえに，30万人規模以上の地方の拠点都市圏には，ほぼ例外なくオタク文化商品の専門店であるアニメイトがチェーン展開している。国土全体に都市的な消費社会のライフスタイルが広がり，地域的制約を超えて，日常的に「オタク」消費を旺盛におこなうことが可能となっており，「趣都」秋葉原にわざわざ出かけていく意味が見いだせなくなっているのが現実なのである。

　ところが，興味深いのは，先述の小川豊武の論文によると，若者の趣味消費が「フラット化＝ポストアーバン化」して，地元消費が強まったという話で終わらない点である。小川は，全般的に地元消費傾向が強まっているという仮説に疑問を持ち，練馬区の若者の調査データをもとに，「地元志向」とは異なる「都心志向」のプロフィールの存在に注目する。すなわち，統計分析によると，

「オタク文化」とは異なり、「ショッピング」「海外旅行」「ファッション」に意欲的な若者たちについては、地元の消費環境では物足りずに、都心に向かう傾向が強いのだという。

　若者の消費における「地元志向」と「都心志向」が、そのどちらか一方に収斂しないという論点は、ファッションの消費にとどまらず、グローバリゼーションを背景にした若者の文化に関する志向性を捉えるうえで、普遍的な示唆を与えてくれる。すなわち、一方では、都市部であろうがなかろうが、地元近くの大型商業施設やネットショッピングで事を済ませる「地元志向」の若者の暮らしがある。なるべく移動にコストをかけず、消費生活を楽しもうとする者たちがいる。ところが、その一方で、そういう時代であるとしても、より幅広い選択肢を求めて、地元外に活動範囲を広げようとしている若者たちも少なくない。自分がアクセス可能な地理的な範囲のなかに、居住地域よりも人や物・情報がより多く集積する「場所」があるならば、そこに引き寄せられる力は依然として働く。それが「都心志向」、地方圏からすると「大都市志向」「上京志向」、さらには海外留学等に関心を持つ「グローバル志向」ということになると考えられる。さらには、この「地元志向」と「都心志向」という対立軸は、価値観としての「内向き志向」と「外向き志向」、キャリア志向としての「安定志向」と「独立志向」との対立軸とも関連づけることができるかもしれない。

　小川は、「地元志向」と「都心志向」を分かつのは、ファッションという趣味嗜好の特性であると述べる。だが、その依拠する調査対象者の大半は20歳前後の大学生であり、練馬区という限られた地域の話から日本の若者全体の状況を推定するのには限界がある。論ずる対象を広げてみると、地域特性はもちろんのこと、学歴や居住歴（ずっと地元、Uターン層、転入層）、ネットワークの多寡、収入等に基づく分断、そしてそれに基づいたモビリティに関する格差や志向性の差異を検討することが必要だと考えられる。次節では、この若者のモビリティの上昇という、「フラット化＝ポストアーバン化」を支えるもうひとつの要因に着目してみたい。

5 トランスローカリティの時代の若者文化の創造

　1980年代頃までは，大都市はモビリティが高い流動型社会であり，地方都市や農山漁村については地縁・血縁を中心とした地元型社会である，という二項対立的な見方が一般的であった。ところが，一方で大都市も郊外を中心に地元に住み続ける若者が増え，他方で地方圏の流動化はますます進み，こうした過程で，この見方は成り立たなくなってきた。その一方，モータリゼーションの進展と情報技術が発展した結果，地域移動のハードルが従来に比べて低くなり，多くの若者が居住地域内にとどまらず，その外側につながりを持ち，頻繁に行き来するような状況となってきた。こうしたモビリティの高まりによって，東京圏と地方圏，地方のなかの「まち」と「いなか」を跨いで日常的に移動する者の割合が増え，その結果として文化創造のあり方が「フラット化＝ポストアーバン化」していると考えられるようになる。

　モビリティが高まると，移住元と移住先との間の地域移動，あるいは日常的な地域移動のコストを下げ，「移住」についての感覚が変化する。海外移住については，海外への定住・永住を前提とした「移民 immigrant」とは区別し，移住先の文化や制度への「同化」を前提としない「国際移住者 transmigrant」という概念がクローズアップされてきた。これと同様に，国内移住についても「永住」や「定住」を前提とした移住ではなく，移住元を含むこれまでの居住地域とのつながりを継続したまま，移住先の社会ともゆるやかな形でつながるという形が広がってきている。居住地域以外の複数の地域とかかわりあうような社会性のあり方を，筆者は「トランスローカリティ」とよんでいる（轡田 2020）。

　たとえば，本書の井戸聡のコラムで議論されているように，過疎地への地域おこし協力隊制度に参加する若者について，トランスローカリティの角度からの理解が求められている。制度の立場や行政の視点からすると，3年間の任期終了後に，隊員として働いた自治体に「定住」することを期待する。だが，地域おこし協力隊員の立場からすると，その地域に「定住」することがゴールなのではなく，複数の地域と関わりながら，その中で自分により適した地域を見

つけて，そちらに再移住する者も少なくない。若者にとって優先すべきことは，自身の納得のいくローカル志向のライフスタイルやワークスタイルの足場を固めることなのであり，地域おこし協力隊員としての移住は，その目標を実現するためのプロセスに過ぎないのである。

　4章の牧野智和の論文は，近年の若者の地方移住に関するメディア分析をしたものだが，やはり，上述のような文脈で，地域移動の感覚に注目し，これが国内移住者についても見られることについて考察している。具体的には，2000年前後の沖縄移住ブームと入れ替わる形で，2010年以降に農山漁村を中心とした地方移住がトレンドと見なされるようになった過程と，近年の若い地方移住者の感覚がどう描かれてきたのかについて，丁寧に分析がなされている。牧野は「生まれ育った土地」への愛郷心を大事にするというよりも，「選び取った土地」への愛着を重視するという選好を重視した「ライフスタイル移住」が地方移住ブームの核心にあると捉える。そして，『ソトコト』や『TURNS』といったライフスタイル系の雑誌に，そうした若者たちの生き方が，時代を先取りしたものとして描かれていることに注目している。

　このように地域移動に対するハードルが下がったトランスローカリティの時代においては，若者文化が創造される場が，東京あるいは大都市であることは必然的ではない。たとえば，これまで集客のために交通の便のいい都市部で開かれていた巨大なイベントは，自然が豊かで，広くて自由度の高い使い方をできる環境を求めて，地方圏で開催されることも少なくない。5章の永田夏来の論文は，そうした事例のひとつとして，年に一度，新潟県湯沢町の苗場スキー場で開かれるフジロックを研究対象としたものである。永田は，毎年のフジロックに集う若者が，その行為をあたかも「故郷」に向かうのように「帰省」という言葉を使っているということに注目する。そして，苗場を「故郷」と捉えるということの意味は，それが大都市的な文化環境のなかでは実現しがたい「家族を超える居場所」が実現される場として機能しているからだという。かつて磯村英一が「第三空間」論として注目した「盛り場」は，都市社会の中心にあるアジールとしての意味があったわけだが，永田のいう「第三の故郷」は，大都市からも地元からも離れた場所に，理想郷のように構築されているのである。

以上の牧野と永田の議論が注目したのは，いずれも，日本社会の主流にのみ
こまれず，自分のライフスタイルやワークスタイルを追求したいと考える，創
造的な志向性のある人びとの問題である。こうした人びとが，東京ないし大都
市以外の「フラット化＝ポストアーバン化」を象徴するような場所に，時代を
先取りした文化現象を次々に創り出している状況は，とても興味深い。だが，
こうした現象が確かにあるとして，その一方で，日本社会の若者全体を俯瞰し
たときに，その影響力はまだ限定的であるという現状認識を持つことも重要で
ある。

　この点に関して，牧野論文にも同様の指摘がある。牧野は，移住関係の雑誌
や書籍において，農山漁村に移住する者たちのポジティブな姿が描かれている
が，それは近年の社会学的なインタビュー調査に基づいて描かれたネガティブ
な地方暮らしの若者像とはかなり異なったものであると述べる。地方移住ブー
ムが強まっていると言われているにもかかわらず，現実の人口動態にはあまり
現れていない現状をみると，それは地方創生政策とも結びついてマッチポンプ
的に構築されたブームに過ぎないといううがった見方にも一面の真理はある。

　また，永田論文では，音楽フェス全体の動向に着目し，「地方フェス」の拡
大という現象にも注目が促されている。永田によると，地方フェスについては
地域を越えた人びとのネットワークの結節点としての「第三の故郷」論の構図
とは異なり，むしろ地方の地元型コミュニティを拡張したような保守的な文化
的特徴も色濃いという。地域おこしのやり方として，単にフェスのような初期
投資の少ないイベントに飛びついただけ，という話になってしまうと，文化創
造どころか，莫大な都市インフラ投資が継続している東京との文化環境の差ば
かりが目立ってしまうということにもなるだろう。

　トランスローカリティの時代を背景にして，今後，現在以上に，地方発の創
造的な若者文化の発信がインパクトを持つことになるだろうと予想される。し
かし，若者のモビリティの志向性は学歴等の社会的属性と結びついており，そ
れにともなう温度差もある。ローカル・クリエイティブに注目するあまり，議
論がつんのめり過ぎて，地方の片隅を生きるサイレント・マジョリティの存在
が見過ごされてしまうようなことがあってはならないだろう。

6 コロナ禍以後の若者文化の「場所」を考える

　この論文を最初に脱稿したのは 2019 年末。2020 年に入り，世界をコロナ禍が襲い，出版計画が遅れて原稿を改稿することとなった。この事態が「フラット化＝ポストアーバン化」の趨勢に大きなインパクトを与えたことは論を俟たない。ここでは，本書の各論考の論点を踏まえつつ，コロナ禍以降の若者文化の「場所」の捉え方について，それぞれ異なる 3 つの未来像のなかで考えてみたい。[1]

　第 1 に，荒井論文が示唆したように，わざわざ「若者の集まる街」に出かけていくことの意義が問い直されるようになり，多くの若者の文化的コミュニティは，日常的な交流の機能の多くをオンライン空間に移していくという未来像である。コロナ禍以降，デジタル社会化への動きが加速し，SNS だけではなく，zoom 等でのオンラインのイベントが増えた。オンライン対応が進むことによって，遠隔地に住む者どうしがコミュニティを形成する可能性は高まった。だが，その一方で，若者がリアルな場で集まる「場所の空間」は失われることはないであろう。金光淳は『「3 密」から「3 疎」への社会戦略』のなかで，オンライン化で公共圏と親密圏が相互に浸透し，そのあいだに存在していたさまざまな民間の自発的な関係性形成の場所としての「中間圏」（秋津元輝，渡邊拓也の概念）が霧散する，と述べているが，筆者はそう思わない（金光 2020）。なぜなら，オンラインで完結するコミュニケーションに不自由を感じる人達は多く，オフラインで会って交流すること（＝場所でつながること）の価値に対する支持の根強さもまた，このコロナ禍を通して確認されたからである。スマホ世代は，デジタル化による効率性を強く求めているが，その一方で SNS 等の情報過多に辟易しているとも指摘されている（藤代 2020）。むしろ，コロナ禍後，オンライン化による「3 疎」化が進むなかで，リアルな「出会い」の場所の喪失をどう克服するかということが，これからの若者文化にとって切実な課題になるだろう。そのため，「場所の空間」と「フローの空間」とをハイブリッドに結びつける試みが盛んになっていくだろう。モバイルメディアの発展に対応し，よりパーソナライズした「場所の空間」との関わり方を望む人たちが増え

ていることを踏まえ，地域開発においても，若者のにぎわう都市空間を創ることよりも，都市・非都市の境界を問わず，若者のつながりが豊かになる場所を創造することの価値がより高まっていくだろう。

　第2に，過密な東京圏，あるいは大都市圏の都心に移動することのリスクを避け，郊外や地方圏における分散居住の流れが進み，若者文化が発信される拠点も都心を離れて分散していく，という未来像である。じっさい，ここ数十年，東京圏は若者を中心に年間約10万人の人口の転入超を継続してきたが，コロナ禍を受けて，2020年には，この流れが止まるだろうと考えられている。また，コロナ禍以降，移動のリスクや通勤時間の無駄が可視化されるとともに職住近接の価値が見直され，地元進学傾向も高まるとみられている。その結果，都心部の「若者が集まる街」ではなく，郊外や地方圏の「地元」の街のコミュニティへの関心が高まり，創造的な若者文化がローカルな場所から発信される可能性は広がっていくと予測できるだろう。だが，その一方で，文化産業の拠点が東京圏に集中している状況が変わらない限りは，移動能力や情報感度の高い若者の都心志向の流れもなくなることはないだろう。小川論文の示唆が正しいとすれば，地元志向型の若者文化と都心志向型の若者文化はどちらかひとつに収斂することはないと考えられる。

　第3の未来像は，コロナ禍を経て，快適で安全な交通・情報インフラの整備が進み，若者はかえって都市／非都市の境界を超え，より活発に移動し，地域を超えた（= translocal）社会関係を広げるようになるだろうという見立てである。牧野論文では，新しいライフスタイルを志向する地方移住に関わるUターン層やIターン層の動きが一部に限られているのではないかという疑問が提出されていた。しかし，コロナ禍以後，条件不利地域とされる地方の周辺部においてもテレワーク移住や副業や兼業などの働き方の多様化の流れが進んでいる状況を取材していると，ICT技術を駆使し，地域を超えたつながりも豊富に持っているこれらのUIターンの新興勢力が厚みを増し，地域社会の公共性のあり方を変化させていく動きが強まっていることは確かなように思える。ただし，その反面，地域社会のなかには，移動能力や情報収集能力に乏しく，属しているコミュニティも少なく，新興勢力とほとんど交わらないという人たちも多数存在している。こうしたことを踏まえれば，若者のライフスタイルは，

居住地域の都市度による違いよりも，移動能力の高さやコミュニティ形成能力の違いによって分断されてしまう状況が目立ってくる可能性もある。

　以上をまとめると，コロナ禍以後の状況について，次のようなことが言えそうである。　技術の発展や政策過程が予測不可能である以上，若者文化の未来像がどのようなものになるかはわからない。だが，いずれにせよ「フラット化＝ポストアーバン化」はますます促進されて優性になる一方，それと対抗的に「場所」や「都市」にこだわる若者文化も根強く残るだろう。そうした過程において，ともすればオンライン空間とオフライン空間，そして，地元志向の若者と都心志向の若者，移動性の高い若者とそうでない若者との間で，文化的分断が進む可能性もあるといえるだろう。

　それゆえに，それぞれの地域において，こうした分断を乗り越え，モバイル・ライフに対応した新しいハブとなる「場所」をいかに創造的に機能させていくのかという観点は，ますます重要性を高めていると考える。大都市の都心部に近いところの「若者の集まる街」が活気を失うことがあっても，若者がリアルな場所で「出会い」「つながる」こと自体を望まなくなったわけではないからである。

7　おわりに――ポストアーバン化時代の若者論の課題

　これまでの日本の若者論は，「大都市」あるいはその「郊外」に暮らす若者の社会心理学的特徴を明らかにしたいという色眼鏡に大きく影響されてきた。あるいは，影響されているにもかかわらず，そのことについてあまりにも無自覚であったといっていいだろう。本書の論考がそうであるように，「フラット化＝ポストアーバン化」の時代背景を念頭に置きつつ，地域的文脈がいかに若者の意識や価値観に影響を与えているのかを検証しようとする研究が，新しい若者文化の多岐にわたる展開を捉えるうえで重要になると考える。

　ただし，地域的文脈の違いを語るにあたって，まだまだ「都市」と「田舎」についてのステレオタイプ的な捉え方を前提にしていたり，「地方」を雑に一括りにしてしまったりする議論が目立っている。本書では，自治体内の DID（人口集中地区）比率に基づいて尺度化した「都市度」によって地域区分を試み，

そこから「ポストアーバン化」を裏付けている論文がいくつかあるが，轡田はそれよりも日常的な移動範囲を捉えた「都市雇用圏」のような地理学的な地域区分のほうが有効と考えている。若者文化に対するアーバニズムの効果を検証していくための観点は，本書の著者間でも統一されているわけではなく，分析的な課題は多く残されている。

　また，本書は，若者の消費や趣味文化を中心とした論考が中心となっており，日本の若者を取り巻く問題の全体構造のなかでは，ごく一部分を捉えたものに過ぎない。とくに，若者論は，学歴による分断したリアリティや，学校を出たあとのキャリアや人生設計の時期の課題に主戦場を移しつつあるが，この点について，進学率や無業率の国内格差の大きさを考えれば，単なる都市／非都市の二分法論を超えて，かつてとは異なったかたちで，地域的文脈を理解することが重要になってくる。このほか，さまざまな困難を抱える若者が直面する社会課題を解決するべく，全国各地でさまざまな「居場所」を作る試みがなされているが，こうした現場のニーズを理解するうえでも，それぞれの地域的文脈についての理論とそれに基づいた分析が必要となるだろう。

　コロナ禍以後，ますます注目が集まっていくであろう「ポストアーバン化時代の若者論」に向けて，研究と関心の輪が広がることを期待したい。

■ 注―――――――――――――――――――――――――――――――――――――――
1）アンソニー・エリオットとジョン・アーリは『モバイル・ライブズ』のなかで，移動の未来として「デジタル化社会」「低炭素社会」「高速移動社会」の3つを中心に検討しているが，この項における議論は，この3つの未来像に対応させつつ考察したものである。

📖 参考文献―――――――――――――――――――――――――――――――――――
阿部真大（2013）『地方にこもる若者たち――都会と田舎の間に出現した新しい社会』朝日新聞出版.
Castells, Manuel（1989）*The Informational City: Information Technology, Economic Restructuring, and the Urban-Regional Process*, Blackwell.（＝1999，大澤善信訳『都市・情報・グローバル経済』青木書店.）
近森高明・工藤保則編（2013）『無印都市の社会学――どこにでもある日常空間をフィールドワークする』法律文化社.
Eliott, Anthony and Urry, John（2010）*Mobile Lives*, Taylor & Francis Group.（＝2016，遠藤英樹監訳『モバイル・ライブズ――移動が社会を変える』ミネルヴァ書房.）
Fischer, Claude S.（1982）*To Dwell Among Friends: Personal Networks in Town and City*, The

University of Chicago Press.（＝ 2002，松本康・前田尚子訳『友人のあいだで暮らす——北カリフォルニアのパーソナル・ネットワーク』未來社.）

Florida, Richard（2008）*Who's Your City?: How the Creative Economy Is Making Where to Live: The Most Important Decision of Your Life*, Basic Books.（＝ 2009，井口典夫訳『クリエイティブ都市論——創造性は居心地のよい場所を求める』ダイヤモンド社.）

Friedman, Thomas（2006）*The World is Flat: A Brief History of the Globalized World in the Twenty-first Century*, Farrar, Straus and Giroux.（＝ 2006，伏見威蕃訳『フラット化する世界——経済の大転換と人間の未来（上・下）』日本経済新聞社.）

藤代裕之ほか（2020）『アフターソーシャルメディア——多すぎる情報といかに付き合うか』日経BP.

Haas, Tigran and Westlund, Hans, ed.（2018）*In the Post-Urban World: Emergent Transformation of Cities and Regions in the Innovative Global Economy*, Routledge.（＝ 2019，小林潔司監訳，堤研二・松島格也訳『ポストアーバン都市・地域論——スーパーメガリージョンを考えるために』ウェッジ.）

石井まこと・阿部誠・宮本みち子編著（2017）『地方を生きる若者たち——インタビューから見えてくる仕事・結婚・暮らしの未来』旬報社.

金光淳（2020）『「3密」から「3疎」への社会戦略——ネットワーク分析で迫るリモートシフト』明石書店.

轡田竜蔵（2017）『地方暮らしの幸福と若者』勁草書房.

————（2020）「若者の幸福とトランスローカリティ」公益財団法人後藤・安田記念都市問題研究所『都市問題』2020 年 1 月号，21-26.

吉川徹（2018）『日本の分断——切り離される非大卒若者（レッグス）たち』光文社.

三浦展（2014）『人間の居る場所』而立書房.

索　引

《執筆者一覧》(執筆順，＊は編著者)

＊木村絵里子 (きむら　えりこ) [序章]

日本女子大学大学院人間社会研究科博士課程後期単位取得満期退学，博士（学術）. 現在，日本女子大学人間社会学部助教. 専門分野：文化社会学，歴史社会学.

「〈外見〉の発見と日本近代——『美人』の写真を『見る』ことの社会的様式に着目して」(時安邦治編『日本近代再考』白澤社，2020年)，「メディア経験としての『東京百美人』——19世紀末の新聞記事からみるメディア・イベントの成立過程」(『マス・コミュニケーション研究』94号，2019年)，「『情熱』から『関係性』を重視する恋愛へ——1992年，2002年，2012年調査の比較から」(藤村正之・浅野智彦・羽渕一代編『現代若者の幸福——不安感社会を生きる』恒星社厚生閣，2016年).

大倉　韻 (おおくら　ひびき) [1章，コラム5]

首都大学東京大学院人文科学研究科博士後期課程単位取得退学. 現在，東京医科歯科大学，法政大学，早稲田大学，非常勤講師. 専門分野：ジェンダー研究.

「若者文化は25年間でどう変わったか——『遠隔＝社会，対人性，個人性』三領域の視点からの『計量的モノグラフ』」(共著)(『紀要社会学・社会情報学』第27集，2017年)，「現代日本における若年男性のセクシュアリティ形成について——『オタク』男性へのインタビュー調査から」(『社会学論考』第32集，2011年).

荒井悠介 (あらい　ゆうすけ) [2章]

一橋大学大学院社会学研究科博士後期課程修了，博士（社会学）. 現在，成蹊大学文学部調査・実習指導助手. 明治大学，明星大学，国際基督教大学，立教大学大学院，BLEA大学部，兼任講師・非常勤講師. 専門分野：社会学，カルチュラル・スタディーズ.

「社会的成功のため勤勉さと悪徳を求める若者たち——渋谷センター街のギャル・ギャル男トライブ」(多田治編『社会学理論のプラクティス』くんぷる，2017年)，「ユース・サブカルチャーズの卒業の変容——ギャル・ギャル男サークルからの引退を事例に」(『年報カルチュラル・スタディーズ』vol.1，2013年)，『ギャルとギャル男の文化人類学』(新潮社，2009年).

小川豊武 (おがわ　とむ) [3章]

東京大学大学院学際情報学府博士課程単位取得退学. 現在，昭和女子大学人間社会学部専任講師. 専門分野：社会学，メディア研究.

「Locality: 若者の音楽聴取スタイルの地域差」(南田勝也・木島由晶・永井純一・小川博司編『音楽化社会の現在』新曜社，2019年)，「『自立しない若者たち』という語り」(小谷敏編『二十一世紀の若者論』世界思想社，2017年)，「『若者』はいかにしてニュースになるのか」(川崎賢一・浅野智彦編著『〈若者〉の溶解』勁草書房，2016年).

知念　　渉（ちねん　あゆむ）［コラム1］

　大阪大学大学院人間科学研究科博士後期課程修了，博士（人間科学）．現在，神田外語大学グローバル・リベラルアーツ学部講師．専門分野：教育社会学，家族社会学．

「〈ヤンチャな子ら〉の男性性を捉えるために——ポストハマータウン研究における男性性の位置」（『現代思想』4月号，2020年），『〈ヤンチャな子ら〉のエスノグラフィー——ヤンキーの生活世界を描き出す』（青弓社，2018年），「〈インキャラ〉とは何か——男性性をめぐるダイナミクス」（『教育社会学研究』100集，2017年）．

寺地幹人（てらち　みきと）［コラム2］

　東京大学大学院総合文化研究科博士課程単位取得退学．現在，茨城大学人文社会科学部准教授．専門分野：社会学．

「若者にとっての『地元』——青少年研究会2014年調査をもとに」（『茨城大学人文学部紀要—社会科学論集—』第63号，2017年），「経済的成功に対する若者の意識の変容——個人的な要因の衰退と非個人的な要因の台頭」（藤村正之・浅野智彦・羽渕一代編『現代若者の幸福——不安感社会を生きる』（恒星社厚生閣，2016年），「若年層の政治関心と趣味——『趣味活動』と『趣味嗜好』という観点から」（共著）（『ソシオロゴス』第37号，2013年）．

＊牧野智和（まきの　ともかず）［4章］

　早稲田大学大学院教育学研究科博士後期課程単位取得満期退学，博士（教育学）．現在，大妻女子大学人間関係学部准教授．専門分野：自己の社会学．

「青年／若者をめぐる『まなざし』の変容——啓蒙・モラトリアム・コミュニケーション」（髙橋均編『想像力を拓く教育社会学』東洋館出版社，2019年），「教育社会学における『地方の若者』」（共著）（『教育社会学研究』102，2018年），『日常に侵入する自己啓発——生き方・手帳術・片づけ』（勁草書房，2015年）．

井戸　　聡（いど　さとし）［コラム3］

　京都大学大学院文学研究科博士後期課程修了，博士（文学）．現在，愛知県立大学日本文化学部准教授．専門分野：社会学（地域・環境・文化）．

「『地方志向』の若者としての地域おこし協力隊——移動の枠組みと課題の諸特性についての一考察」（『愛知県立大学日本文化学部論集』第8号，2017年），「『原生林』の誕生——『自然』の社会的定義をめぐって」（田中滋編『都市の憧れ、山村の戸惑い——京都府美山町という「夢」』晃洋書房，2017年），「河川開発と社会的儀礼——河川の近代化と『筏の終焉』」（上川通夫・愛知県立大学日本文化学部歴史文化学科編『国境の歴史文化』清文堂出版，2012年）．

妹 尾 麻 美（せのお　あさみ）［コラム4］

大阪大学大学院人間科学研究科博士後期課程単位修得退学，博士（人間科学）．現在，同志社大学文化情報学部助教．専門分野：社会学．

「就職活動過程における女子大学生のライフコース展望」（『年報教育の境界』第16号，2019年），「求人メディア利用の変化から『人＝メディア』を考える」（岡本健・松井広志編『ポスト情報メディア論』ナカニシヤ出版，2018年）．

永 田 夏 来（ながた　なつき）［5章］

早稲田大学大学院人間科学研究科博士後期課程修了，博士（人間科学）．現在，兵庫教育大学大学院学校教育研究科准教授．専門分野：家族社会学．

『音楽が聴けなくなる日』（共著）（集英社〔集英社新書〕，2020年），『生涯未婚時代』（イースト・プレス〔イースト新書〕，2017年），『入門　家族社会学』（共編著）（新泉社，2017年）．

福 重　　清（ふくしげ　きよし）［6章］

東京都立大学大学院社会科学研究科博士課程満期単位取得退学．現在，立教大学社会学部，明治大学，大東文化大学，大妻女子大学，兼任講師・非常勤講師．専門分野：コミュニケーション論，社会問題論，逸脱行動論，臨床社会学．

「複数のセルフヘルプ・グループをたどり歩くことの意味」（伊藤智樹編『ピア・サポートの社会学——ALS，認知症介護，依存症，自死遺児，犯罪被害者の物語を聴く』晃洋書房，2013年），「メディア・コミュニケーションにおける親密な関係の築き方——パソコン通信からインターネットの時代へ」（岩田考・羽渕一代・菊池裕生・苫米地伸編『若者たちのコミュニケーション・サバイバル——親密さのゆくえ』恒星社厚生閣，2006年），「若者の友人関係はどうなっているのか」（浅野智彦編『検証・若者の変貌——失われた10年の後に』勁草書房，2006年）．

阪 口 祐 介（さかぐち　ゆうすけ）［コラム6］

大阪大学大学院人間科学研究科博士後期課程修了，博士（人間科学）．現在，関西大学総合情報学部教授．専門分野：リスク社会論，社会階層論．

『リスク社会を生きる若者たち——高校生の意識調査から』（共著）（大阪大学出版会，2015年），『終わらない被災の時間——原発事故が福島県中通りの親子に与える影響』（共著）（石風社，2015年），『民主主義の「危機」——国際比較調査からみる市民意識』（共著）（勁草書房，2014年）．

＊轡田 竜蔵（くつわだ　りゅうぞう）［終章］
　東京大学大学院人文社会系研究科博士後期課程単位取得退学．現在，同志社大学社会学部准教授．
　専門分野：地域社会学，若者研究，グローバリゼーション論．
　「サイレント・マジョリティを思考すること」（川端浩平・安藤丈将編著『サイレント・マジョリテ
　ィとは誰か──フィールドから学ぶ地域社会学』ナカニシヤ出版，2018 年），『地方暮らしの幸福と
　若者』（勁草書房，2017 年），「過剰包摂される地元志向の若者たち」（樋口明彦・上村泰裕・平塚眞
　樹編著『若者問題と教育・雇用・社会保障』法政大学出版局，2011 年）．

場所から問う若者文化
──ポストアーバン化時代の若者論──

2021年3月25日　初版第1刷発行
2021年9月25日　初版第2刷発行

編著者　　木村絵里子・轡田竜蔵・牧野智和©
発行者　　萩原淳平
印刷者　　田中雅博

発行所　　株式会社　晃洋書房
　　　　　京都市右京区西院北矢掛町七
　　　　　電話　075 (312) 0788　(代)
　　　　　振替口座　01040-6-32280

印刷・製本　創栄図書印刷㈱
装幀　安藤紫野
JASRAC 出 2003210-001
ISBN 978-4-7710-3371-9